Edition Paashaas Verlag

Autor: Volker Kosznitzki
Bilder: Volker Kosznitzki
Cover-Motiv: Volker Kosznitzki
Covergestaltung: Michael Frädrich
Originalausgabe November2013
Edition Paashaas Verlag – www.verlag-epv.de
Lektorat: Tatjana Heinrich
ISBN: 978-3-942614-62-7
Druck: Books on Demand GmbH, Norderstedt
Neuerscheinung November 2013

Die Deutsche Nationalbibliothek verzeichnet diese Publikation in der Deutschen Nationalbibliografie; detaillierte bibliografische Daten sind im Internet abrufbar über http://dnb.d-nb.de.

Günner Mambrallek:
Gezz kucksse!

Inhaltsverzeichnis:

GEZZ
KUCKSSE!
VK 2012

Gezz kucksse!

Ehrlich, dat hättze gezz nich gedacht, wat? Nee, der Günner hat nach dat erste Büchsken sein Pulver noch lange nich verschossen. Ganz innet Gegenteil, gezz leechter noch ne Schüppe drauf!

Weisse, wenne immer son bissken mit offene Augen inne Welt kucken tus, finze immer widder wat, wo du nich einfach die Klappe halten kannz! Jau, und dann schreibsse dat eben auf, maalz mitten Zeichenstift und en bissken Farbe nochen passendet Bildken dabei und eh du dich vekuckss, hasse schon widder en Büchsken zusammen. Und wenn ich gezz ma ganz ehrlich bin: Die Verkaufszahlen von dat erste Büchsken lassen in mich doch irgnswie die Idee aufkommen, dat dat wohl son paa Leute gibt, die so wat lesen wollen, weisse?! Und so ab und an ma inne Öffentlichkeit en bissken wat vorlesen, hat bisher ja auch immer beide Seiten viel Späßken gebracht.

Jau, also hab ich einfach weiter aufgepinnt, wat den kleinen Mann anne Ruhr, Emscher und Lippe so allet am Beschäftigen is und gezz wünsch ich euch alle einfach nur viel Späßken bein Lesen! Und vielleicht den ein oder andern en bissken wat für zum Nachdenken!

Glückauf!

Kunsthalle
VK 2012

Moderne Kunst

Nee geh mich wech, glaubsse?! Also, wat dich heute so allet angedreht werden soll, wat die Welt nich brauch, hömma, da kannze schomma sonne Krawatte kriegen. Dat fängt von Sachen füre Küche an und geht bis irgnswelche Klamotten für im Wohnzimmer für zum Hinstellen. Also gezz nich Möbel oder Sofa oder Fernseh, weil dat brauchsse ja nu ma, sondern mehr so Dekozeuchs wo sich der Staub sammeln tut, damit deine bessere Hälfte auch wat zu tun hat, dat allet sauber zu halten. Weisse, da gibet schomma Sachen, da weisse gaa nich mehr, wat dat sein soll oder für wat dat gut is. Und wenne ma im Laden danach frachss, dann krisse höchstens noch ne pampige Antwort von wegen dat wär Kunst. Und wirss dann noch zum Schluss als Kulturbanause hingestellt. Nee du, bleib mich wech!

Da lob ich mich doch den Ölschinken, den mein Vatta damals im Wohnzimmer übbern Sofa hängen hatte: Ne Berchwiese und der Bauer mit seine Mitarbeiters beie Heuernte, wiese dat Heu auf son riesiget Pferdefuhrwerch am Packen waan. Und jedet Ma, wenne dich dat Bild bekuckt hass, hasse immer widder ne neue Kleinichkeit entdeckt. Oder den selbss gefälschten van Gogh, den ich übber mein eigenet Sofa hängen hab: Ne große Zuchbrücke mitten paa Muttis bein Wäschewaschen annen Kanal. Nee ehrlich, da kannze wenichstens noch erkennen, wat dat darstellen soll.

Jau, und wenne dich ma so übberleechss, wat andere sich so fürn Zeuch anne Wand hängen. Weilse fürn echtet, also vonnen Maler gemaltet Bild, die Kohle nich übrich ham (entweder weilse zu schrappich sind oder nur wenich Penunsen ham), hängense sich en Kunstdruck im Rahmen anne Wand. Na ja gut, kriss ja die ollen Meister fast alle in jede Größe, in jede Preislage und für jeden Geschmack. Hömma, wie ich letztens ma widder beie Schwägerin und bein Schwager auf Besuch waa, fiel mich da im Wohnzimmer en riesigen Holzrah-

men mit Glasscheibe auf und unter die Scheibe waan son paa Kringel, Striche und Kleckse auf weisset Papier zu sehn. Und ich sach so fürn Schwager: „Hömma, wat habt ihr denn da fürn Gekritzel anne Wand hängen?"
Bevor der wat sagen konnte, waa die Schwägerin auf einma hinter mich und meckert mich an: „Samma Günner, hasse eigntlich kein Kunstverstand? Dat issen hochwertigen Druck innen schweineteuern Rahmen. Dat echte Bild hat ma vorn paa Jahre ein Herr Miro gemalt. Dat Orginal kostet en paa Millionen und hängt irgnswo in Paris innen Museum. Und weil ich dat umbedingt ham wollte, hamwer 300 Euros für dat bezahlt, wie et da hängt."

300 Euros? Für son Geschmiere? Also irgnswat hab ich in mein Leben verkehrt gemacht! Weisse wat, son paa Striche, Kringels und Kleckse aufe weiße Fläche draufmachen, dat kann ich auch. Und dat für billiger! Und dann hab ich dat ma selber ausprobiert, weisse, ich tu ja auch ma ab und an son bissken malen und zeichnen, ne?! En paa Ergebnisse davon kannze dich ja in dat Büchsken hier bekucken. Nee, aber son abstraktet Geschmiersse hat ja übberhaupt kein Spaß gemacht. Aber et gibt ja noch Schlimmeret ...

Also letztet Jahr hat mich mein Vetter, der Otto Korsinetzky, bei uns inne Kreisstadt inne Kunsthalle geschleppt. Der hatte da bei son Preisrätsel von unsere Tageszeitung zwei Freikarten gewonnen und suchte gezz einen, mit dener da möglichst für lau hinkommt. Und am besten aufen Samstach oder Sonntach. Auf mich isser dann gekommen, weil ich hab en Ticket 2000 von unsern Verkehrsverbund, weisse, damit kann ich am Wochenende immer ein Erwachsenen und noch drei Blagen und en Hund für umme mitnehmen. Und die Kunsthalle is ja direkt am Bahnhof, da brauchsse also nich weit laufen.

Jau, also wir denn raus aussen Bus und nache Kunsthalle rübber. Hömma, und dat erste wat mich da so übberkommt is die Frage: Wat soll dat denn, ham die kein Platz mehr in dat Museum, dat se gezz schon die Einrichtung aufe Straße stellen müssen? Da hamse also tatsächlich ne total beschmierte verdreckte Badewanne am Straßenrand gestellt und daneben ne riesige Lokusschüssel. Hömma, da hab ich mich ers ma gefracht, wie du da übberhaupt raufkommen sollz. Und wenne dann oben aufen Thron sitzen tus, musse noch aufpassen, dat du nich hintenübber inne Scheiße reinfällz und absäufss. Obwohl, ich hab dann gesehn, dat irgnd son Intellenzbolzen ne Strickleiter anne Schüssel drangemacht hat. Gut, rauf kommsse also, und dann? Wat soll dat übberhaupt? Na jedenfalls, damit keiner aufen Trichter kommt, sich von den ganzen Sperrmüll wat wechzuholn, hamse son Wächter aus Blech daneben gestellt, aber so richtich Respekt konnze vor den auch nich kriegen. Weisse, der sah eher aus wie son römischen Legionell oder wie die damals hießen, und irgnswie sah der aus, als ob der Obelix den mit ein Schlach ausse Rüstung gekloppt hätte.

Irgnswie hat der Otto wohl gemerkt, dat ich da so meine Gedanken hatte, die nich umbedingt in seine Richtung passten und er meinte nur für mich: „Komm Günner, lass uns reingehn.“ Zeichte anne Kasse seine Freikarten vor und schon waanwer drin in ein riesigen Saal (oder doch Bunker? Damals im Kriech soll dat Gemäuer wohl für so wat gebaut worden sein, den dicken Beton nach). Ich kuckte mich son bissken um und kam mich vor wie aufen Schrottplatz. In eine Ecke en ganzen Haufen verrostete runde Rohre, inne andere Ecke en Haufen verrostete Vierkantrohre mit Farbkleckse drauf und inne Mitte son ollen Brezelfenster-Käfer ohne Räder und ohne Türn, aber dafür knatschrosa und neongelb angestrichen und mit schwatte Punkte drauf. Hömma, und du glaubss dat nich: aufen Fahrersitz ne Gummipuppe vonne Beate U. Und da wo eigntlich der Beifahrersitz hingehört ne olle verbeulte Waschmaschine! Und der Otto so richtich in sein Element – am Schwelgen und am Schwärmen, von wegen so tolle Kunstwerke hätter ja in sein ganzet Leben noch nich gesehn. Weisse wat, ich hab mittlerweile schon damit gerechnet, dat aus irgnseine vonne ganzen Schrottecken die Typen mitti weißen Kittel kommen, um den Otto abzuholn. Waa aber nich. Dat Einzige, wat passierte waa, dat einer vonne schwatten Sheriffs die dat ganze Museum am Bewachen waan, auf mich zukam wie ich ma ausprobiern wollte ob die Puppe in den Käfer nu aus Gummi oder Plastik waa. Und der meckerte gleich los, ich dürfte hier nix anpacken, sondern nur ankucken, weil dat wär allet große Kunst und et dürfte nix kaputtgehn.

Hömma, wie waa dat noch mitti olle Badewanne von so ein Herr Beuys? Ich glaub der hat sich damals so dadrübber aufgereecht, dat die Putzfrau die Wanne ma richtich sauber geschruppt hat, dat die Frau ihrn Job los waa und der Beuys kurz dadrauf en Herzklabaster krichte. Na ja, gezz bekuckt der sich ja seit en paa Jahre die Radieskes auch nur noch von unten. Nee, geh mich wech!
Wat meinze wohl wat ich froh waa, dat ich da widder raus waa aus diese internationale Sperrmüllausstellung. Nee, also gezz ohne Scheiß. Wie ich widder zu Hause waa, hab ich mich ers ma widder den ollen Ölschinken mitti Heuernte aufe Berchwiese angekuckt, den ich letztet Jahr von mein Vatta geerbt hab, da kannze wirklich noch erkennen, wat dat darstellen soll!
Neulich hab ich mit meine Jungens, sind ja mittlerweile auch schon erwachsen, ma widder olle Fotos ausse Kinderzeit bekuckt. Da waan dann welche bei vonnen Spaziergang vor zwanzich Jahre mit uns alle annen Sonntachnammittach im Stadtgarten bei uns inne Kreisstadt. Und vor dat ehrwürdige Festspielhaus liegen da auch so riesige knochenähnliche Dinger aus Edelstahl rum. Und ich hör meine Jungens fragen: „Papa, wat is dat?"
Und ich sach so: „Jungens, ich weiß dat nich so genau. Wahrscheinlich Kunst!"

Glückauf!

Fahrrad fahrn

Samma, glaubsse eigntlich an Wunder? Wie? Wat? Wat dat denn gezz schon widder fürne doofe Frage is? Ja, dann pass ma auf, wat gezz kommt! Ich bin ja schon bald übber vierzich Jahre am Quarzen. Früher ma so richtich viel, sonne Packung am Tach, zwischendurch auch ma en paa Jahre Pfeife (waa aber zu aufwendich). Und seit inne letzte Jahre dat ganze Land immer mehr mit Rauchverbote zugepflastert wird, bin ich seit fümf Jahre so auf drei bis vier Kippen am Tach runter, meistens so richtich bewusst und mit Genuss, so als Pausen- und Feierabendritual, weisse?! Hab mich da ja nie wat bei gedacht, aber wie ich letzten Sommer dann nach ne dicke Erkältung den Husten nich mehr loskrichte, bin ich denn doch irgnswie am Nachdenken gekommen.

Blieb mich also nix anderet übrich, wie nachem Dokter zu gehn und ma nachkucken zu lassen. Klaa, auf jeden Fall sollte auch en gelben Urlaubsschein – weiss schon Krankenschein – bei rumkommen. Jau, der Dokter nimmt mich also richtich inne Mangel, so mit Röntgenfoto vonne Lunge, Blutspende, Pustetest. Jedenfalls so allet, wat er anne neueste Medizintechnik in seine Praxis stehn hatte. Zu mein Lungenfoto meinte der dann nur, ich hätte jawohl ne Lunge wie son dreißichjährigen Spitzensportler und dat Husten käm ganz klaa vonnen Hals und nich vonne Lunge. Dat ich übber vierzich Jahre am Quarzen bin, dat wollter mich gaa nich glauben. Da wär dat Befinden von meine Lunge nu wirklich en echtet Wunder! So, dat also zu die Frage vom Anfang von meine Ausführungen.

Und wie der mich dann so nach Sport frachte, konnt ich ihn nur wat von Kegeln, Pilsken stemmen und Fahrrad fahrn erzähln. Jau meinter, dat ich Fahrrad fahr, wär schuld, dat ich als Raucher doch noch sonne toffte, saubere Lunge hätte. Dat sollt ich ma ruhich weitermachen, und wenn ich dann noch die Kippen wechlassen tät, könnt ich übber hundert werden. Übber hundert? Nee also ehrlich, da fällt mich der Jopi Heesters ein. Mit übber hundert noch aufe Bühne und sich lächerlich machen tun? Und da hab ich mich selbss auf einma mit Rollator, Horche und Leselupe gesehn, wie ich mit kaum noch hörbare Stimme und zittrige Hände, die kaum dat Buch halten können, im Torkelkeller oder im Modela lustige Geschichten aus meine Heimat am Vorlesen bin. Nee, dat muss ich nu wirklich nich ham!

So, gezz mach ich dat mitten Fahrrad fahrn ja nich gerade als Sport, weisse?! Meine Beziehung zu Sport jeder Art is ja bekannterweise eher son bissken gestört, ne?! Kennz dat doch: Sport is Mord! Nee, eigntlich is dat Fahrrad mehr sonne Alternative für dat Auto – umweltfreundlich, gesund, und Sprit sparsse auch noch, gerade bei die heutigen Preise. Und frische Luft hasse auch noch bein Fahrn. Und wennet ma am Plästern is, gibet ja auch en speziellet Verdeck, wat du dich übberm Kopp ziehen kannz, damitte trocken bleibss. Jau, und wenne dich ma so bei uns inne Gegend umkuckss, hasse an jede größere Straße en Fahrradweech, wo du anne Autos vorbeikommss, wennse vorre rote Ampel im Stau stehn, dann winksse die Autofahrers noch schadenfroh zu und grinz dich einen. Unser Auto haltenwer uns eigntlich nur noch fürn Großeinkauf. Und ab und an ma für wat zum Transportiern und zum regelmäßich die Ommas Kutschiern, weilse seit en paa Jahre nich mehr so können. Jau, und alle paa Jahre für zum im Urlaub fahrn. Sonz werden bei uns fast alle Wege mitten Fahrrad gemacht, und du glaubss gaa nich, wie viele Kilometers da so inne Woche zusammenkommen.

Wenn ich dann so an mein Kumpel Thomas Birdsing denk, der hat sich ja vor Jahre schon im Keller son Dingen ohne Räder, aber mit Pedale hingestellt, und jeden Abend nache Maloche ers ma ne Stunde im Keller und Tour de Franz, aber nich mit Blick auf Frankreich, sondern mehr so mit Blick aufen Stromzähler anne weiße Kellerwand. Hömma, ich glaub, wenn der sein Heimtrainer mitten Generator verbinden würde, der könnte ohne Probleme die Kühlanlage von seine Theke im Partykeller rund umme Uhr mit Strom versorgen. Aber sonz jeden Meter außerhalb von seine Bude nur mitten Auto.

Gut, et gibt ja schomma Begeechnungen mit andere Artgenossen ... äh ... Fahrradfahrer, da frachsse dich dann auch, ob die noch alle aufen Zaun ham. Gezz is ja widder Sommer, und da tauchense dann auf, die Rennradfahrers, die sich in ganze Pulks übber die volle Breite vonne Landstraße verteilen und dann so mit sechzich, siebzich Sachen ne Kolonne Autos hinter sich herziehn, aber nich im Traum dran denken, ma Platz zu machen. Und wenne dann aufe Hupe drückss, weile ja auch weiterkommen willz, dreht sich höchstens ma einer kurz um und zeicht dich den gestreckten Mittelfinger, weisse schon, den Effe. Dann kucksse ma links und rechts vonne Straße und siehss auf beide Seiten die herrlichsten Fahrradwege. Echt, wieso können die die nich benutzen, wie andere Fahrradfahrers auch? Nee, also verstehn tu ich dat nich – nur immer widder drübber ärgern. Besonders, wenn dann noch irgnswo die Polente mitte Radarkiste am Straßenrand steht und die einfach vorbeifahrn lässt.

Aber weisse, wat jedet Jahr die absolute Krönung is? Also, da muss ich gezz ma en bissken weiter ausholen. Et gibt ja bei uns innen Landkreis unsere Nachbarstadt, die annen See liecht und wo schon die Römers gewohnt ham. Na jedenfalls so lange, bis damals der Hermann dem Römergeneral Varrus die Hucke vollgehaun hat. Jau, ich sprech von Haltern.

So, und gezz is jeden Sommer Haltern dat Ausfluchsziel schlechthin für tausende von Leute, die schomma ne schöne olle Kleinstadt ankucken wollen oder übberhaupt ma son bissken andere Luft schnuppern wollen. Sonntachs krisse da kein Bein anne Erde und auch mitten inne Woche hasse jede Menge Tagestouris, die sich dat Städtken ma bekucken wollen. Ich bin ja inne Woche auch jeden Tach in Haltern, aber eher zum Knete verdienen. Mittachs geh ich dann auch schomma raus, und dann siehsse die Invasion vonne sportliche Rentners mit ihre Hightechfahrräders – keins unter tausend Öcken, und Fahrradklamotten ausse Nobelboutique – wiese dann mit ihre Drahtesels den Marktplatz zuparken und sich inne Eiskaffees und andere Lokalitäten so breitmachen, dat du selbss als Fußgänger nich mehr übberm Platz inne Shoppingstraße kommss. Und dann krisse auch mit, wat die da so alle am Quatern sind. Meistens dadrübber, wie fit se doch noch sind, dat se dat noch immer schaffen, mitten Fahrrad von Essen nach Haltern zu kommen, da en Päusken machen, weisse, Eis mampfen, Pilsken stemmen, vielleicht noch ne Fischfrikadelle im Brötken und dann mitten Fahrrad widder zurück. Ich hab mich ja jedet Ma dabei gedacht: Wer et glaubt, wird seelich.

Hömma, und letzte Woche, wie ich ma en bissken eher Schicht gemacht hab, hab ich dann echt sonne Fahrrad-Rentner-Truppe am Bahnhof erwischt! Der Zuch von Münster nach Essen kommt an und die alle ers ma sämtliche Fahrradabteile besetzt und wie dat nich reichte, auch noch inne Türbereiche im restlichen Zuch, sodat der Zuchschaffner mit seine Minibar nich mehr durchkam. Hoffentlich hamse ne dann wenichstens en paa Pilskes abgekauft. Und dann waa mich dat auf einma allet klaa: Die ham alle dat Bärenticket von unsern Verkehrsverbund, weisse, da kannze dein Fahrrad für lau mitnehmen, und gezz is mich auch klaa, wie man die dreißich Kilometers von Essen nach Haltern an ein Vormittach schafft und dann immer noch topfit is!

Ich hab mich dadrauf auch ma mit dat Kleingedruckte von mein Ticket 2000 beschäfticht und gezz weiß ich, dat ich mein Fahrrad auch für luppes mitnehmen kann. Ehrlich, so mitten Fahrrad von Recklinghausen nach Düsseldorf in eine Stunde, dat hat wat!

Glückauf!

Fußball

Glaub mich dat, nix is bei uns inne Gegend heiliger wie dat Spiel mitten Ball, dat mindestens neunzich Minuten dauert und wo dat Runde innet Eckige muss. Klaa gibet auch immer irgnswie so Banausen, die meinen, dat dat allet kein Sinn gibt. Zweienzwanzich Idioten laufen hinter ein Ball her und wenn ihn dann einer hat, kloppter ne sofort widder wech. Warum kricht eigntlich nich jeder son Ball? Nee, geh mich wech mit sonne Kulturmuffels.

Hömma, da fällt mich auch son Schwank mit meine Omma aus meine Kindheit ein. Also, einma in Jahr traf sich unser ganze puckelige Verwandtschaft bei unser Omma zum Geburtstach für zum Kaffeetrinken. Und der Einzige, der immer ers gegen Abend kam, dat waa mein Onkel Günner aus Schalke. Weil immer, wenn Ommas Geburtstach waa, spielte Schalke zu Hause und Onkel Günner konnte immer ers neViertelstunde nachen Schlusspfiff beie Omma auflaufen. Dat Stadion waa ja gleich bei uns umme Ecke. Und jedet Ma waa unser Omma dann ers ma knatschich und bölkte den Onkel Günner an: „Hömma, wat kommsse widder so spät? Waasse widder aufen Platz?"
„Jau, Omma."
„Wat hamse gespielt?"
„Fußball, Omma!"
„Du Doofen, wie hamse gespielt?"
„Schlecht, Omma!"
„Wie, wat, hamse verlorn?"
„Jau, Omma, beschissen hamse gespielt und den Schiri konnze inne Pfeife rauchen, der hat von Anfang an gegen uns gepfiffen, sonne Scheiße! Hömma, den solltense nächstet Ma als Torpfosten hinstellen, da kanner wenichstens kein Schaden anrichten, der Vollpfosten."
Damit waa dat dann erledicht und Onkel Günner krichte zum Trost ers ma en Pilsken und en Kurzen und nochen Pilsken

und nochen Kurzen ... Bis irgnswann bei ihn sonne bestimmte Gesichtslähmung eintrat und er nich mehr wusste, wie er hieß und wo er waa. Und am nächsten Tach waa allet vergessen.

Oder en paa Jahrzehnte später: Et waa wohl so 2006, Fußballweltmeisterschaft. Und zu ein Deutschlandspiel hamwer uns mit unsere Jungens immer beie Schwiegereltern getroffen. Weil, der Schwiegervatta waa mitti Gesundheit nich mehr so gut dran und da wolltenwer ihn en bissken Gesellschaft bein Fußballkucken leisten. Außerdem hatte Oppa immer lecker Pilsken innen Keller. So und gezz spielte in dat Jahr einer aus Bremen mit so längere Haare, Thomas Frings oder so wat. Und jedet Ma, wenner den Ball verlor, krakelte die Schwiegermutta los: „Hömma Frings, wärsse ma vorn Spiel nachem Frisör gegangen, könnze auch besser Fußball spielen!"
Nee du, Ommas und Fußballverstand, dat is wie Ochse und Klavier spielen.

Übberhaupt is dat mitten Fußball bei uns im Pott sowieso sonne ganz eigene Kiste. Kaum bisse aufe Welt, kannz kaum kucken, kommsse ummen Fußball nich rum. Nee echt, schon in Kindergarten hamwer immer mit irgnswelche Bälle gepöhlt und inne Schule später gabet dat oft genuch, dat uns die Pauker inne Pause den Ball wechnehmen mussten. Hat aber auch nix gemacht, wurde halt mit irgnswat anderet weitergepöhlt, und wennet nur en größeren Kieselstein waa.

Nache Schule ginget jeden Tach aufen Spielplatz inne Siedlung und direkt daneben waa en Bolzplatz, so mit richtige Tore und hohen Zaun. Bloß, da hat keiner drauf gepöhlt, weil aufe graue Asche hasse dir nur die Knochen poliert, wenne ma übberm Ball geflogen biss. Nee also, wir ham dat vorgezogen, aufen Spielplatz nebenan aufe große Wiese zu pöhlen, da bisse immer weich gefallen und hass dabei dat Gefühl gehabt, wie die Profis inne Bundesliga zu spielen. Ging auch immer gut, bis dann dat erste Ma der Spielplatzwärter vonne Stadt mit sein

Fahrrad auftauchte. Weisse, son Frührentner, der sich son bissken wat zu seine Rente dabeiverdient hat. Hat uns natürlich ers ma den Ball wechgenommen, dabei aber nich mitgekricht, wie unser Kumpel Alfons Frassannek aussen Frankenhof ihn die Ventile aussen Fahrrad rausgedreht hat. Wenn der Spielek-Olle nach seine Kontrolle mit sein Fahrrad weiterfahrn wollte, blieb ne also nix weiter übber, wie uns den Ball wiederzugeben. Dafür hamwer ne dann versprochen, nebenan aufen Bolzplatz weiterzupöhlen (zumindest, bisser wech waa).

Nee also, da hattenwer schon richtich Glück, dat wir als Kröten sonne Möglichkeiten hatten. Weil, auch in andere Stadtteile wurde gepöhlt, egal ob inne Hinterhöfe vonne Mietskasernen oder aufe Straßen vonne Kolonien, wo vielleicht zweima an Tach ein Auto kam. Waa zwaa schomma en bissken enger und ne Fensterscheibe ging auch schomma kaputt, aber wat sollet?! En Ball waa immer irgnswo und zwei Jacken als Tormarken und schon konnte dat losgehn.

So, gezz waa ja die Glückauf-Kampfbahn (weisse, dat olle Schalker Stadion) nurn paa hundert Meter von unsere Siedlung wech. Und manchma kamense vom Verein bei uns anne Schule und ham Freikarten verteilt. Alle Jungens, die welche gekricht ham, ham sich dann bei uns getroffen, und dann ginget verboteneweise übber die Gleise vonne Emschertalbahn, dat darfsse heute gaa keinen erzählen. Und dahinter waasse dann schon aufe Nebenplätze vonnet Stadion (da, wo heute son großen Baumarkt steht). Wenne dann bein Spiel waass, hat auch keiner nachen Alter gefracht, wenne dich ma inne Halbzeitpause en Pilsken gegönnt hass. Auch wennet dann ma zwei oder drei waan. Jedenfalls waa für jeden von uns dat erste Besoffensein irgnswie im Zusammenhang mit Fußball und Schalke. Nee waan dat noch Zeiten!
Oder wat auch son Dingen is: Heute kucken die Profiklubs übberall inne Weltgeschichte rum, um für teuer Geld so richtich gute Spieler zu kaufen. Kuck dich domma die Kaders an. Wenne da die suchss, die ausse eigene Stadt kommen, kommsse zum Abzähln mitti Finger von eine Hand aus. Der Rest kommt von übberall ausse ganze Welt. Und dat hasse nich nur auf Schalke, sondern bei so ziemlich alle Profivereine. Darfsse gaa nich dran denken, wie viel Schotter da hin und her geschoben wird.
Obwohl, beie ollen Römer gabet dat ja auch schon, bloß da nannte man dat noch Sklavenhandel. Und die gehandelten Sklaven nanntense dann, wennse im Sportgeschäft eingesetzt wurden, Gladiolen ... ach nee Gladiatoster oder so wat. Is auch egal, ich muss dat nich wissen! Nee, hab ja aufe Schule kein Latrinum gemacht.
Wat ich eigntlich sagen wollte, is: Früher, also in unsere Schulzeit, wie wir noch mit Freikarten im Stadion reinkamen, da ham die Schalker noch so Klassespieler wie den Nobbert Nigbur oder den Klaus Beverungen fürn Butterbrot vom SV Hessler 06 geholt. Aber wenne ma übberleechss, dat der FC Schalke inne letzte Jahre für billich Knete zwei richtich toffte Ballkünstler vom TuS Haltern gekauft hat ...
Aufe andere Seite kann ich irgnswie nich kapiern, wie son

echten Schalker Junge wie der Manuel Neuer freiwillich ausgerechnet nachem Erzfeind vonnen Ruhrfußball gehn konnte. Wie, wat, verstehsse nich? Hömma, ich sprech vonne Bayern aus München, wo du nich ma ne vernümftige Currywurst-Pommes-rot-weiß oder en ordentlichet Pils kriss, sondern nur Weißbier und Weißwurst. Kennze eigntlich dat Wappen von Bayern? Weiß-blau mit zwei gekreuzte Weißwürste! Nee, geh mich wech! Aber wenne ma so übberleechss: Der Manuel kricht da innet bayerische Ausland so viel Knete, dat der sich seine Currywurst-Pommes-rot-weiß jeden Tach mitte Taxe aus Gelsenkirchen kommen lassen kann. Und Pilsken? Warscheinlich lässter sich jede Woche en Fass Veltins kommen, und ne Zapfanlage inne eigene Villa kost ja auch nich die Welt. Aber wie der mitti Sprache da unten klaakommt? Ich weißet bein besten Willen nich!
Übberhaupt: Der größte Fehler, den du bei uns im Ruhrpott machen kannz, is, wenne dich als Bayernfan zu erkennen gibss. Da kannet schomma schnell passiern, dat du en blauet Auge riskiern tus. Ich frach mich ja auch bis heute, wat die inne Bundesliga zu suchen ham. Seit wann gehört Bayern zu unsere Republik? Und inne Bundesliga hamse viel Langeweile gebracht. Waa doch früher immer datselbe: 18 Mannschaften, 34 Spieltage und Bayern waa am Ende sowieso Deutscher Meister.

Und wofür ich inne letzte Jahre auch jedet Verständnis verlorn hab, dat is der ewige Kleinkriech zwischen Schalke und Dortmund. Da gibet Leute, hömma, die nehmen die Namen vonne Städte gaa nich mehr im Mund. Da heißtet nur Herne-West oder man spricht vonne Zecken aus Lüdenscheid-Nord. Scheint ja immer noch Leute zu geben, die in ihre Birne noch immer nich reingekricht ham, wat dat eigntlich Wichtige is. Nämlich, dat die Meisterschale und der Pokal da sind, wose hingehörn – innet Herz und inne Geburtsstätte vonnen Deutschen Fußball – bei uns im Revier!

Glückauf!

Zuch fahrn – dat moderne Abenteuer

Weisse wat, da les ich doch letztens inne Zeitung mitti vier großen Buchstaben wat übber son Heiopei, der mit seine Knete wohl nich weiß wohin. Also würder en paa Ma im Jahr so inne Weltgeschichte rumreisen, um immer wat zu erleben. Also gezz nich Halligalli am Ballermann auf Malle oder Sex bis zum Abwinken in Bangkok ... oder wie dat heißt. Nee, der macht mehr so Wanderungen barfuß durche australische Wildnis oder durchen Amazonas-Dschungel, weisse?! Da wose noch nich irgnswelche abgetakelten Promis bein Maden mampfen am Filmen sind, damit du dat allet innen Fernsehn kucken kannz. Nee, der macht dat allet alleine in sein Jahresurlaub und schreibt dat dann füre besachte Zeitung auf, um sich dann den nächsten Abenteuerurlaub zu finanziern. Wat en Bekloppten!

Hömma, Abenteuer kannze auch einfacher ham. Wie, verstehsse nich! Dann pass ma auf. Eigntlich brauchsse ja nur ausse Haustür raus und rein im Bus in Richtung Kreisstadt – am besten so im dicksten Schülerverkehr – glaub mich dat, da kannze manchma richtich wat erleben. Aber da hab ich ja schomma anne andere Stelle wat zu gesacht. Noch besser, wenne dann noch vom Bahnhof aus mitten Zuch weiter willz. Da fängt dat Abenteuer schon mitti Frage an, ob der Zuch nu pünktlich kommt oder vielleicht en bissken später oder gaa nich! Und wenner dann kommt, geht dat Abenteuer weiter. Meistens in Gestalt vonnen Zuchschaffner, der sein Lesegerät für dein Bärenticket wohl nich am Laufen kricht und dann behauptet, du wärss en Schwaazfahrer und solltess ers ma vierzich Öcken abdrücken. Nee, geh mich wech!

Nur, irgnswie kommsse ja umme Deutsche Bahn nich rum, wenne nich immer dat Auto zur Verfügung hass und wennet mitten Fahrrad dochen bissken zu weit is. Ich fahr ja son paa Tage inne Woche immer nach Haltern, weisse, am See, und Römer sollet da auch gegeben ham, zumindest bis der Hermann die damals vor zweitausend Jahre so richtich die Hucke vollgehaun hat. Weil, ich muss ja nebenbei auch nochen bisken auf ehrliche mühsame Art und Weise en paa Penunsen verdienen. Und mitten Bärenticket kommsse halt am preiswertesten hin, zumindest bei die Spritpreise und Parkgebührn heutzutage.

Et waa also ein Mittwochnammittach, noch richtich mitten in Sommer, wie ich zu dat Ergebnis kam, dat ich für den Tach eigntlich genuch malocht hab. Also Feierabend, ab nachen Halterner Bahnhof, 16:45 Uhr den Zuch inne Kreisstadt, umsteigen im Bus, bisse 17:30 Uhr zu Hause und kannz dich ers ma en lecker Pilsken zischen.

Hömma, dat erste böse Erwachen kam, wie ich aufen Bahnsteich stand, so mit fuffzich oder sechzich andere Leute, die auch jeden Tach mitten Zuch fahrn. Aufen andern Gleis kam gerade der Zuch ausse Kreisstadt an und unter die ganzen Leute, die da rauskamen seh ich mein Arbeitskollege Hermann Altkirch, der wohl vonne Fortbildung inne Kreisverwaltung kam und nach Hause wollte. Jau, und der kuckt mich an und sacht wat davon, dat der Zuch nur bis inne Kreisstadt am Hauptbahnhof fährt, weiter geht nich, weil irgnswo en Kabel kaputt is und deshalb dat Stellwerch nich am Funktioniern wär. Na ja, denk ich, dat reicht doch, weiter will ich ja nich. Und kuck dann noch so aufe Minianzeigentafel, diese vonne Bahn aus vor zwei Monate aufen Bahnsteich aufgebaut ham. Jau toffte, da steht wat von fuffzehn Minuten Verspätung und direkt dadrunter, dat der nächste Zuch um 16:55 Uhr, der schon am Gleis 1 stand, ganz ausfallen würde. Gut, kommsse halt en bissken später nach Hause, dat Pilsken steht im Kühlschrank und schmeckt ne Viertelstunde später auch noch.

Und pünktlich, ne viertel Stunde zu spät, kam dann auch der richtige Zuch und die ganzen Leute da rein, ne?! Ich natürlich auch, und dann ging dat Theater los, wie der Zuch losfuhr. Oder nee, ers ma noch nich. Ers wie der Zuch auf einma hintern Wesel-Datteln-Kanal inne andere Richtung abbiegen tat, ging son Hä durchem Zuch. Und ich denk, wat is denn gezz? Zeigense da auf einma Schmuddelfilmkes aufe Monitore, wo sonz der Fahrplan gezeicht wird? Und dann waa mich klaa, irgnswat stimmt hier nich!

Also, denk ich, sieh zu, dat du im Zuch ein finz, den du fragen kannz. Wat liecht also näher wie ers ma nachem Zuchkaffee, weil da is immer einer, wenn auch nur, um dich für teuer Geld en Kaffee oder en Pilsken zu verticken. Glaubsse, da stand auch son richtich lecker Herzken hinter die Theke und wie ich se frach, wat denn mitten Zuch los wär, sachtse, dat wüsstese auch nich, se wär ja nich vonne Bahn, sondern von sonne Servicegesellschaft. Und ich sollte besser ma den Zuch-Chef fragen, der müsste irgnswo durchem Zuch laufen und Schwaazfahrer suchen.

Na gut, denk ich so bei mich, Zeit is ja genuch. Vor allem, wo der Zuch direkt nachen Abbiegen auf einma stehengeblieben is und der Lokführer durchem Lautsprecher sachte, wegen Streckenauslastung müsstenwer hier gezz ne Viertelstunde stehen bleiben. Na ja, ne Viertelstunde schaffsse schon! Gut, dat heute kein Fußball inne Glotze läuft. Inzwischen hab ich dann auch den Zuch-Chef gefunden. Vorne bein Lokführer, und beide en Käffken am Schlürfen und übber Olympia am Labern. Der fand dat wohl gaa nich so toll, dat ich ne bei sein Kaffeepäusken gestört hab und meinte ers ma, ich hätte im Führerstand nix zu suchen.

Ich sach: „Hörnse ma Chef, ich hab auch nich den Fahrer, sondern mehr Sie gesucht." (Ehrlich, manchma kann ich auch höflich.) Und wat denn gezz hier los wär? Der kuckt mich an, wie son Auto, nur nich so schnell und fracht mich, ob ich denn nich übberall aufe Bahnhöfe die Durchsagen gehört hätte.

„Nee", sach ich, „hab ich nich, und so sechzich andere, die auch in Haltern eingestiegen sind, auch nich."

Weil, in Haltern gibet keinen funtioniernden Lautsprecher, und wenn da einer wat durchsagen will, kommt höchstens en

schwachet krrk, krrk raus.
Ja, sachter, da könnter gezz auch nix für und der nächste Halt wär Oberhausen (endet zwaa auch auf hausen, so wie unsere Kreisstadt Recklinghausen, is aber dochen bissken sehr weit wech von zu Hause). Von da aus könnte man jedenfalls mitte S-Bahn nach Wanne-Eickel und dann weiter mitten Schienenersatzbus nach Recklinghausen, dat wär wohl bis 18:30 Uhr abends zu packen. Weil, zwischen Wanne-Eickel und Recklinghausen wärn Kabel kaputt und da würd dat Stellwerch nich mehr funktioniern, könnte also kein Zuch mehr fahrn.
Ich sach: „Hörnse ma Chef, wie weit gehn denn Ihre Kompetenzen, mitten Zuch in Marl-Mitte zu halten, von da fährt alle viertel Stunde en Bus nach Recklinghausen und dat passt auch mitten andern Bus in meine Richtung, der bei mir zu Hause fast vorre Haustür hält."
Nee, sachter, dat würd nich gehn, er und der Lokführer hätten klare Anweisung, bis Oberhausen durchzufahrn. Ich glaub, der muss auch mein Blick aufe Notbremse gesehn ham, jedenfalls sachter, wenn einer die Idee mitten Nothalt hätte, würd dat auch nix bringen, ausser dat die Polente den en paa Minuten später mitnehmen würde. Gezz hatten sich auch schon en paa andere Leute mit Ziel Recklinghausen um uns rum versammelt und unter den Druck vonne Masse waa der Zuch-Chef dann doch davon zu übberzeugen, durche Zuchlautsprecher ma alle Leute im Zuch Bescheid zu sagen, wat Sache is.

Nee echt, wat ne schwere Geburt. Ich glaub, dat muss einer vonne letzten Beamten gewesen sein, die et beie Bahn noch gibt. Ne aussterbende Spezies, weisse? Et waa mittlerweile 17:45 Uhr, wie der Zuch dann in Oberhausen ankam. Und weil der Zuch-Chef gezz auch so gründlich Bescheid gesacht hatte, hamwer mit gut sechzich Leute auch die S-Bahn nach Dortmund (hömma, D O R T M U N D, und dat mir als bekennenden Schalker – is schon gut – ich sach nix mehr) sofort gefunden, und alle rein und dann ging dat auch sofort los. Ehrlich, S-Bahn, hält so oft wie ne Straßenbahn und is gerappelt voll, ne? Sitzen geht da drin gaa nich bei vielleicht achtzich Sitzplätze im ganzen Zuch für fümfhundert Leute.

Hömma, und wenne ma pinkeln muss: Is nich! In den ganzen Zuch kein Lokus, da hasse echt die A...karte. So, und genau dat waa dann dat Debakel für ein vonne Mitreisende. Son richtich feinen Pinkel im schicken Zwirn, Laptop inne Hand und reichlich nach Knete und Stinkedufein am Müffen. Son anderer vonne Mitfahrers, en Handwerker, der von seine Maloche in Haltern nach Hause unterweechs waa, machte ne den Vorschlach, wennet denn gaa nich mehr geht, doch einfach in ein vonne Abfallbehälters zu pinkeln, wär ja immerhin Gefahr im Verzuch und Notfall.
„Nee", sach ich, „ich weiß wat Besseret. Der nächste Halt is Gelsenkirchen-Rotthausen, da steichsse aus und tus umme Ecke inne Botanik pinkeln. Wir stelln uns solange inne offene Tür, da kann der Zuch nich ohne dich weiterfahrn, und gut is." Dat fander jedenfalls auch nich gut, also konntenwer ne auch nich weiterhelfen. Ich hab ne jedenfalls nich mehr angekuckt, weil, dat muss wohl für ihm die Hölle gewesen sein und ich weiß, wovon ich hier spreche. Dat muss ich mich gezz nich wirklich auch bei andere mit bekucken.

Aber nachdem der Zuch gezz so in Richtung Gelsenkirchen (meine olle Heimat – Günner grüßt Schalke) rollte, kam unter uns unfreiwillich Umgeleitete dann dat nächste Thema inne Runde. Sollnwer gezz bis Wanne oder bis Herne? Weil, der Zuch-Chef vonnen ersten Zuch hatte ja wat von Busse von Wanne nach Recklinghausen gesacht. Aber weisse wat, wenn die Aussage von den Bahnmensch genauso verlässlich is wie die Bahn selbss ... Nee! Also mir waa von Anfang an klaa, ich fahr bis Herne, da fährt alle zehn Minuten en Schnellbus nach Recklinghausen. Und dat is ne Linie von unsern lokalen Nahverkehrsbetrieb, da weiß ich, wat ich hab. Hömma, der Einzige, der in Wanne raus is, dat waa der Schlipsträger mit dat Laptop, aber dat mitten Tempo wie son Sprinter bei Olympia. Ich hab mich denn doch son bissken mitleidich gefracht, ob er et noch bis nachem Bahnhofsklo geschafft hat. Fümf Minuten später in Herne hab ich nur noch zugesehn, dat ich als erster nachem Busbahnhof kam. Weil, der Bus is immer gerappelt voll, und wenn dann doch noch die fuffzich andern ... Hömma, so voll waa der SB 20 noch nie. Wie ich dat bis Recklinghausen übberlebt hab, weiß ich nich mehr. Dat Einzige, wat mich noch interessiert hat, waa den Bus nach Hause zu kriegen. Dat waa dann 19:15 Uhr. Und dat Pilsken, hömma, dat hat gezischt wie schon seit Jahre nich mehr!

So, nächsten Morgen: Ich hatte ja noch ne Verabredung mit mein Brötchengeber in Haltern. Und dann gibet da in Internet sonne Seite Bahn pünktlich? Die Betonung liegt wohl eindeutich auf dat Fragezeichen! Also kuck ich da ers ma drauf, bevor ich ab nachem Bus bin und seh ers ma Friede, Freude, Eierkuchen – alle Züge ausser den Rhein-Hardt-Express nach Düsseldorf, der sollte immer noch übber Oberhausen umgeleitet werden – P Ü N K T L I C H! Am Bahnhof sah dat dann en bissken anders aus. Der Zuch nach Haltern zwanzich Minuten Verspätung, der Zuch inne andere Richtung (der übber Oberhausen sollte) mit normale Abfahrzeit angeschlagen und ers zwei Minuten vor Abfahrzeit wurde der Ausfall angezeicht ... Hömma, dat waa doch wohl Verarsche pur! Ich bin jedenfalls am Nammittach zum Feierabend mitten Bus übber Datteln nach Hause gefahrn. Mitten Bus von unser lokalet Verkehrsunternehmen – da weiß ich, wat ich hab.

Ers am nächsten Tach konnze inne Zeitung ma wat dadrübber lesen, wat denn da gezz los waa beie Bahn. Ers hießet, en paa Baumschubser hätten bein Bäume umhaun en Kabel angesächt, und hinterher hat die Bahn wohl zugegeben, dat son paa Scherzkekse en Meter Datenkabel in Recklinghausen-Süd geklaut hätten und dadurch wär wohl dat Stellwerch inne Möhrn gewesen und man hätte nur jeden dritten Zuch mit Streckenposten und Funkgeräte übber die Strecke lotsen können. Klaa, dat die Kohlenzüge vonne Ruhrkohle ers ma Vorrang hatten. Freitachabend bein Kegeln erzählt mein Kegelbruder Tom, weisse, der fährt jeden Tach mitte Bahn nach

Krefeld nache Maloche, er wär an den Mittwoch ers abends um 21 Uhr zu Hause gewesen. In Essen hätter ne Stunde auf sein Anschlusszuch warten müssen, und in Wanne waa vonne angesachten Busse nix zu sehn. Hatter sich also für siebzich Flocken ne Taxe nach Hause genommen. Die wolltergezz vonne Bahn einklagen und die sieben Talers fürn Döner und dat Pilsken am Bahnhof in Essen auch noch. Und die fuffzich Cent für Pinkeln im Bahnhofsklo! Nee du, hau mich ab.

Gut, lernz bei so wat zwaa ne ganze Menge Leute kennen, kommss ma son bissken im Gespräch und so. Und lernz auch ma Gegenden von unsern schönen Ruhrpott kennen wo du sonz eher nich hinkommss. Abergezz ma ehrlich: Dat Ruhrgebiet vonne Bahnstrecken aus gesehn – schön is anders!

Glückauf!

Dat Steuermärchen

So ... fertich ... dat alljährliche Meisterwerk vonne deutsche Dichtkunst. Und gezz ers ma ne Kippe, en Pilsken und en Päusken. Nee, also gezz musse nich denken, der Günner wär vonne Satire aufe Poetik umgestiegen, dat is ja so gaa nich mein Dingen, so mit Reime und schöne Worte rumzumachen. Ach so, weil ich am Anfang wat von Dichtung gesacht hab. Da hab ich mich wohl son bissken unglücklich ausgedrückt. Also, ich sprech vonne alljährliche Steuererklärung, die ja so ziemlich jeder in unsere Republik einma in Jahr bein Finanzamt abliefern muss. Hat ja auch en bissken wat von Wahrheit und Dichtung.

Hömma, die letzten Jahre waa dat ja eigntlich en Klacks, hasse dat ganze Jahr übber Belege gesammelt, gerechnet und an Schluss allet inne Formulare eingetragen, Steuerkarte dabei und wech damit. Waa ja doch irgnswie jedet Jahr datselbe. Zumindest bis vorletztet Jahr, wo die uns die Steuerkarte aus Pappe wechgenommen ham und gezz nur nochen Waschzettel mit Zahlen und irgnsein Code, damitte deine Steuern möglichst innet Internet erklärn tus und schneller deine Kohle kriss. Jau, und wat is, wenne noch wat an Knete hinbringen muss nachem Finanzamt? Holen die dat dann auch sofort von dein Konto, ohne dich zu fragen? Nee du, geh mich wech. Steuererklärung innet Internet – ohne mich!

Aber wenn ich mich dat so bekuck, hömma, da reden die inne Politik immer von Steuervereinfachung, und wenne ma die Formulare inne Flossen nimmss, da krisse schon sonne Krawatte, weile ganz schnell dahinterkommss, dat die inne letzte zwei Jahre noch komplizierter geworden sind und du schon bein Lesen vonne Fragen nur noch Bahnhof verstehss. Und die Formulare sind auch noch mehr geworden und bein Lesen brauchsse mittlerweile ne Lupe. Aber wenne dann soweit biss, dat du die neuen Vordrucke kapiert hass, dann geht dat los mitti Wahrheit und die Dichtung. Da jubelsse beie Gesundheitskosten auch schomma die Klümpkes oder die Gesichtscreme ausse Apotheke drunter. Oder die Lebensversicherung, die du schon längst ausgezahlt gekricht hass. Da machsse en Zettel dran *Versicherung besteht noch* und setzt die weiter ab. Dat mach ich mitti abgelaufene Versicherung beie Humbug-Mülleimer schon seit zehn Jahre und die ham dat bis heute nich gemerkt.

So richtich kreativ is dabei ja mein Vetter, weisse, der Otto Korsinetzky, der ja aufen Amt malocht. Hömma, der hat vorn paa Jahre ma versucht, den neuen Anzuch für fümfhundert Öcken füre Hochzeit von sein Sohnemann als Arbeitskleidung abzusetzen. Klaa hamse dat bein Finanzamt abgelehnt. Aber der Otto hat rotzfrech Widerspruch gemacht, mitti Begründung, er müsste ja nu mitten Anzuch nache Maloche, er hätt ja sonz nur Jogginganzüge im Schrank und damit könnter ja schlecht aufen Amt und mit Publikum und so. Also müsster sich jedet Jahr en neuen Anzuch kaufen für zum Arbeiten. Hömma, du glaubss dat nich, der is damit durchgekommen. Und seitdem hat der Otto jedet Jahr en neuen feinen Zwirn im Schapp.

Leichter hasset ja sowieso nur, wenne kein einfachen Malocher biss, sondern irgnswie Unternehmer oder Freiberufler. Hömma, da kannze lügen und schummeln und abschreiben und absetzen, dat glaubsse gaa nich. Ich wollte dat früher auch nich glauben, aber gezz bin ich ja auch nebenbei son bissken freiberuflich zugange. Ehrlich, auf einma kann ich jeden Malstift, Druckertinte, Papier, Telefon und Internet und weiß der Deubel wat nich noch allet vonne Steuer absetzen. Und mein Vetter Otto, dat is ja nu ma son ganz Schlauen, weil der ja aufen Amt malocht, der hat mich neulich en Tipp gegeben, dat man sogaa en Computer absetzen kann. Weisse wat, is doch klaa, wer mich nächstet Jahr mein neuen Rechner finanziern tut.

Nur ... gezz ma ganz ehrlich: Wär ja schön, wenn dat inne absehbare Zeit domma ne Steuervereinfachung geben tät. Muss ja nich gleich der legendäre Bierdeckel von diesen Friedhelm Mai sein, oder hieß der nich doch Friedrich März? Is auch egal. Wenichstens die Fragen ma son bissken mehr auf Deutsch und die Schrift en bissken größer, dat wär doch schomma wat.

Glückauf!

AIR

Flieger – grüß mich die Sonne

Weisse wat? Da musste ich ers bald anne sechzich werden, bis dat ich ma im Genuss (?) vonnet Fliegen kam. Und gezz ma ganz ehrlich: Nomma muss ich dat nich ham. Gut, ich bin ja in meine jüngere Jahre schomma öfters geflogen. So mit fümmenzwanzich ausse Firma raus und ab und an ma, so nach zu viel Pilskes und Kurze, schomma die Treppe runter. Aber dat kannze nich vergleichen!

Also, wir sind letztens en paa Tage vor Pfingsten mitten Kegelklub nach Budapest, Ungarn, weisse? Weil, nache Sauftouren die letzten Jahre wolltenwer ma anfangen, en bissken wat vonne Welt zu sehn, aber so richtich mit klare Augen und nich durchen Nebel von zu viel Pilskes. So, wie kommsse gezz nach Budapest? Mitten Auto? Nee, da brauchsse für zehn Leute mindestens zwei Autos! Zwei Fahrer müssen nüchtern bleiben, und wenne Sprit rechness und en Satz neue Stoßdämpfer für zwei Autos … (in Ungarn sind die Straßen nämlich genau so kaputt wie bei uns). Waa also nix – zu teuer! Und dann mindestens zwölf Stunden aufe Bahn – nee, geh mich wech. Mitten Zuch? Sitzte auch mindestens vierzehn Stunden drinne. Also mitten Flieger! Bisse von zu Hause zum Fluchhafen und dann mitten Flieger in vier Stunden da.

So, gezz hatt ich ja genuch flucherfahrne Kumpels, die mich allet erklärn und zeigen konnten, wie man dat so allet richtich am Machen is, so mitti ganze Kontrollen und so, und dann saßenwer endlich drin innen Flieger. Na ja, schön waa dat nich, wenn ich ma ehrlich sein soll. Nix von grenzenlose Freiheit, wie vorn paa Jahre ma dieser Reinhard März, oder hieß der nich doch Mey, ich weisset gezz nich mehr, gesungen hat. Kommsse dich eher so vor wie son Huhn aufe Stange inne Legebatterie, nur dat du ne Rückenlehne hass und die Lehne vonnen Vordermann dich bald die Nase plattmacht. Beine ma so richtich lang machen kannze auch nich und aufstehen und en bissken laufen geht höchstens, wenne ma aufen Boiler muss. Jau, und wenne nach draußen kucken willz, hasse nur son kleinet Bullauge. Aber wat sollet, siehss ja sowieso nur Wolken und bein Landeanfluch auf Budapest hattze den Eindruck, dat dat da auch nich anders aussieht wie bei uns im Ruhrpott. Na ja, und den Krach inne Kiste ... hass dein eigenet Wort kaum verstanden, geschweige denn die Durchsagen vonne Besatzung. Und wie sich der Pilot denn auch noch vorstellte, so mit Name, weisse, hörte ich von hinten ne Stimme vonnen andern Fluchgast: „Wie, wat, der fliecht widder, hat der seine Fleppe schon nach sechs Monate widder?"gezz ma echt, so richtiget Vertrauen krisse da nich gerade.

Na ja, und dann nache Landung, hömma, schwer Druck aufe Ohrn und taub wie der olle Beethoven. Nee, also geh mich wech, et gibt angenehmeret Reisen. Obwohl, eins muss man ja sagen, wenne ers ma da biss, hasse die ganze Strapaze ganz schnell widder vergessen. Ham ja gut wat gesehn vonne Stadt und auch die kulinarische Feinheiten zum Probiern gekricht. Hömma, und dat Bier! Ich sach dich: Himmlischer Nektar, da kommt kein Bier aus unsere heimische Brauereien mit! Wat nich so toll waa, dat waan die Kurzen – bor, die ham innen Hals nachgebrannt, dat du gemeint hass, du hättz Säure in dich reingekippt. Na ja, wat sollet, en bissken Verlust hasse immer.

So, und gezz ging dat am Pfingstsonntachabend widder zurück inne Heimat. Widder dat ganze Theater mitte Kontrollen und so, und wat ich da dann erlebt hab, hömma, dat ging ja gaa nich. Also beie Sicherheitskontrolle musse ja deine ganzen Taschen leer machen, zumindest allet, wat irgnswie mit Metall zu tun hat, also Uhr, Patte, Trauring. Ja, sogaa den Gürtel vonne Buxe musstesse abmachen! Hömma, dat waa gaa nich so einfach, mit eine Hand die Buxe hochhalten und dann durche Sicherheitsschleuse laufen. Und dabei ging der Zirkus ers richtich los. Ich also durche Schleuse, weisse, und dabei am Kämpfen, dat die Buxe nich runterrutschen tut und da gibt dat auf einma en Pfeifen und Blinken und eh ich weiß wat los is zieht mich da son schwatten Sheriff annen Arm raus und sacht in ein ziemlich schlechtet Englisch für mich ich sollte domma die Hände hochhalten. So, und ich kuck mich dabei son bisskken um und seh, wie dem sein Kumpel ne Kalaschnikow auf mich am Richten is. Hömma, da wirdet dich doch schomma en bissken anders, glaubsse dat?

Jau, und dann fängt der eine also an, mich von oben bis unten abzugrabbeln, greift in meine linke Buxentasche und zieht mein Schlüsselbund raus. Ja, denk ich, allet klaa, bisse selber schuld! Bloß, wie der Sheriff mich dann in sein schlechtet Englisch fragen wollte, wat dat is, hömma, da hab ich mich gedacht, dat dat wohl mit seine Intellenz auch nich weit her sein musste. Waa doch für jedet kleine Blach klaa und deutlich zu erkennen, dat mein vermeintlichet Waffenarsenal ne Sammlung von Schlüsseln waa. Gut, bei uns sind die Wachschutzleute auch nich anders: Nix inne Birne, aber doofe Fragen stellen und sich wichtich vorkommen.

Und dann packt mich der Sheriff inne andere Buxentasche und erwischt genau meine Rotzfahne, wo ich kurz vor die Kontrolle nomma so richtich ne dicke Ladung aus mein Zinken reingeblasen hab. Hömma, den seine Fresse hättze sehn müssen. Der wurd auf einma richtich weiß im Gesicht, dann drehter sich um und kotzt sein Kumpel mitte Kalaschnikow genau aufe frisch geputzten Knobelbechers. Dat waa et dann. Die ham mich bloß noch zu verstehn gegeben, dat ich meine Püngel packen und abhauen sollte. Ne Entschuldigung wär ja vielleicht ma wat gewesen, aber wat sollet, wo nix inne Birne is, kannze auch keine Umgangsformen erwarten.

Aufen Rückfluch waa dann allet widder so wie aufen Hinfluch, nur dat dat Folienkäsebrötken, wat du im Flieger kriss, noch vertrockneter waa und der Kaffee waa auch höchstens zwei Bohnen aufen Liter.

Nächstet Jahr sollet mitten Kegelklub nach Malle gehn, also

gezz nich Ballermann, sondern ma so richtich die Schönheiten vonne Insel bekucken. Und widder mitten Flieger ... Ich denk, widder dat ganze Theater mitti Kontrollen und so. Aber dann hat mich mein Kegelbruder Mattin dochen bissken beruhicht: „Günner, dat mitti Sicherheitskontrollen machen die nur, wenne im Ausland fliegen tus. Bei Flüge innerhalb von unsere siebzehn Bundesländer brauchsse nur Perso und Fluchticket vorzeigen."
Dat beruhicht!

Glückauf!

FROSTI
EIS
FROSTI
Tiefkühl
Gerichte
VK
2013

Eismann-Werbung (Telefonterror VI)

Bor ey, da hasse ma en paa Monate Ruhe gehabt vor diese Telefonmafia, weilse mich wohl nach meine monatelange Verarsche aufe schwatte Liste gesetzt ham, und gestern Vormittach, als ob die dat geahnt ham, dat ich ma en Tach zu Hause waa, hamse ma widder en Versuch gestartet, mir wat anzudrehn, wat die Welt nich brauch. Oder ob die im Ernst geglaubt ham, der Günner hätte die Vergangenheit vergessen, so von wegen Alzheimer oder so wat?
Ich versuch ma, ob ich dat noch zusammenkrich, wat ich da mit den Heiopei gestern fürne Nummer abgefahrn hab. Also, dat Telefon waa ma widder am Rappeln und ich geh dran.

M.: „Jau, wat is?"
W.: „Ja, schönen guten Tag, Walter ist mein Name, von der Firma Eismann. Sprech ich da mit Familie Mambrallek?"
M.: „Walter? Walter Gelatimo, der Eismann vonne Eisdiele bei uns anne Ecke? Hömma, dat find ich aber klasse, dat du aussen Italienurlaub zurück biss. Willz bestimmt Bescheid sagen, wanne deine Eisbude widder aufmachss. Weisse, wir ham schon richtich Schmacht auf dein Kognakeis. Den Callamafia von gegenübber kannze ja inne Pfeife rauchen, der kricht dat einfach nich hin."
W.: „Hallo, ich glaube, Sie verwechseln da was. Ich bin nicht Ihre Eisdiele. Mein Name ist Friedhelm Walter von der Firma Eismann und ich würde Ihnen und Ihrer Gattin gern unsere aktuellen Tiefkühlprodukte vorstellen."
M.: „Wie? Wat? Tiefkühl? Willze damit sagen, dat du gezz auch Tiefkühlpizza aufe Karte hass? Hömma Walter, lass dat sein, bleib lieber bei dein frischet Eis, hass doch schon Pizza- und Spaghettieis im Programm, und Spiegelei aus Eis hasse doch auch schon richtich toffte hingekricht. Also ehrlich, wenn mein Lissken und ich Bock auf Pizza ham, gehnwer nachem Enrico Pizzarelli, da gibet die frisch!"
W.: „Hören Sie mal, ich möchte Ihnen doch nur die Tiefkühlprodukte der Firma Eismann vorstellen ..."

M.: „Ja, dann sach dat doch gleich, du Peias. Wat kannze mich denn so im Einzelnen bieten?"
W.: „Das volle Tiefkühlprogramm der Firma Eismann: Gemüse, Fleisch, Fisch, Kuchen, Torten, Fertiggerichte, Eiscreme. Da gibt es nichts, was es nicht gibt. Und alles biologisch und von bester Qualität und frei Haus."
M.: „Dann pass ma auf. Kommsse nächsten Freitach um drei vorbei und bringss ma mit, wat du hass. Dann machenwer ma so zur Probe unsern Gefrierschrank voll, so fürne Woche und wenn deine Fressalien wat sind, kommwer vielleicht im Geschäft."
W.: „Mit welchem finanziellen Rahmen darf ich denn rechnen?"
M.: „Hä, wat? Finanziellen Rahmen? Du glaubss doch nich im Ernst, dat ich dich auf mein Risiko dein Auto leer kauf? Nee, also: Du kommss Freitach um drei vorbei, packss mich auf deine Kosten den Eisschrank voll und wennet uns schmecken tut, kannze eventuell ma dadran denken, uns wat zu verkaufen."
W.: „Herr Mambrallek, so geht das aber nicht. Lieferung gibt es nur gegen Bargeld oder Kartenzahlung. Ich muss schließlich auch leben."
M.: „Samma Walter, warum gehsse eigntlich nich ne normale ehrliche Arbeit nach anstatt die Menschheit für teuer Geld Nullachtfuffzehn-Klamotten zu verkaufen, die du in jeden Supermarkt fürt halbe Geld kriss? Oder bisse dich zu fein für zum Malochen?"
W.: Klick ... tuut ... tuut ... tuut ...

Allet klaa. Dieser Walter waa bestimmt auch so einer von diese Typen, die in ihrn Leben schon so ziemlich allet verkauft ham, von Strom, Telefon übber Sexspielzeuch bis Versicherungen. Nur mit normalet Arbeiten nix am Hut. Nee, geh mich wech!

Glückauf!

03/2012

Neue Gerechtichkeit

Nee glaubsse, et is ja schon so einiget in diese Welt am Querlaufen. So, wenne zum Beispiel Kohle ohne Ende hass, dann gehtet dich besser, wie wenne nix hass, dann krisse noch Knete im Allerwertesten geblasen, obwohl du eigntlich gaa keine brauchss. Oder hass sogaa beie Hohe Gerichtsbarkeit meistens die besseren Karten, weile dich en teuern Star-Rechtsverdreher leisten kannz, der dich aus jeden Brassel raushaun tut.

Ach so, gezz frachse dich, wie ich dadrauf komm? Also, ich waa letztens, ein Samstach, in Supermarkt bei uns inne Shoppingmeile und ich glaub ich trau meine Klüsen nich, da seh ich wie mein ollen Kumpel Dieter Skowronnek ne ganze Rutsche Einkaufswagen übberm Parkplatz am Schieben is und ich denk, wat soll dat denn? Kricht der Dieter den Hals nich voll, dat sein Gehalt beie Kreisverwaltung nich mehr reichen tut oder wat is da los? Bevor ich also weiter am Denken komm, hat der Dieter mich auch schon im Blick und erzählt mich ne Geschichte, hömma, da glaubsse bald an gaa nix mehr!

Also, da is der Dieter vorn paa Wochen inne Kreisstadt zum Shoppen gefahrn, weil so nach fuffzehn Jahre ma widder en neuen Anzuch fällich waa. Hatter bei Cisca und Anna auch wat Passendet gekricht und wollte gezz nachem Zentralparkplatz am Gleisdreieck zurück nach sein Auto. Jau, und da waa et ihm wohl so, dat er auf einma pinkeln musste. Is ja kein Problem, hintern Rathaus gibet ja en öffentlichen Lokus. Und der Dieter stand gezz davor und merkte, dat er keine fuffzich Cent hatte, damitter im Lokus reinkam. So, wat machsse gezz in sonne Situation?

Grünzeuch wächst ja genuch ummet Rathaus rum, also gehsse inne Botanik hintere Büsche, Buxe auf und laufen lassen. Blöderweise hat der Dieter aber nich gemerkt, dat genau hinter ihn die Politesse gerade en Knöllken fürn Falschparker am

Schreiben waa. Und wie der Deubel dat will, hat die ihn mitte offene Buxe inne Büsche gesehn und sofort zur Rede gestellt, wat dat denn wohl sollte. Ob er denn nich wüsste, dat Wildpinkeln ne Ordnungswidrichkeit wär und vierzich Euro Bußgeld kosten tut. Und hier würd ja noch ne besondere Schwere des Falles vorliegen, weil der öffentliche Lokus direkt daneben is. Hömma, dat hat den Dieter gaa nix genützt, dat der auf sein fehlendet Kleingeld füre Lokustür hingewiesen hat. Die Olle hat sein Name und Adresse aufgeschrieben und wohl noch gesacht, dat der froh sein soll, wennse ihm nich noch wegen schamverletzendet Verhalten ein reintun tät.

Zwei Wochen später flattert en Brief vonnet Ordnungsamt bei ihm im Postkasten, dat er wegen pinkeln inne Öffentlichkeit vierzich Euros latzen sollte. Wegen die Nähe zum öffentlichen Lokus würde dazu noch ne besondere Schwere des Falles vorliegen und dat würd nomma vierzich Euros zusätzlich kosten. Insgesamt waa die Rechnung also übber achtzich Flocken und in zwei Wochen zu bezahlen. Natürlich hat der Dieter dat nich eingesehn und ers ma Einspruch eingeleecht, weiler sich dat nich so einfach gefallen lassen wollte. Hat aber nix gebracht, wie dat bei Einsprüche nu ma so is. Dat hat den Dieter aber nich weiter gestört, gelatzt hatter jedenfalls nich.

En paa Wochen später hatter dann ne Einladung nachem Gericht gekricht, von wegen Strafanzeige wegen Verunreinigung vonne öffentlichen Grünanlagen und Erregung vonnet öffentliche Ärgernis. Waa wohl die Returkutsche für seine Zahlungstotalverweigerung. Hömma, dat hat ne gaa nix genützt, dat der den Richter immer widder von seine leere Patte erzählt hat und dat er wegen die fehlende fuffzich Cent nich im öffentlichen Lokus reinkam, also so quasi aus ne Notlage raus inne Büsche pinkeln musste. Und ob der Richter sich dat nich vorstellen könnte, wie sich dat so anfühlen tät mit ne nasse Buxe und so. Scheinbar hat den Richter dat aber nich interessiert.

So, und um dat zu verstehn, wat dann kam, muss ich ma son

bissken auf den Dieter seine Ernährung eingehn, weisse?! Den Dieter sein Lieblingsessen is nämlich Erbsen, Bohnen, Linsen und all so wat, am besten noch mit viel Zwiebel und Knobi dran. Und so kamet dann, dat er genau in den Moment, wo der Richter ne am Verdonnern anfangen wollte, ein riesigen Furz loslassen musste, dat der ganze Gerichtssaal am Wackeln waa. Und wie dat dann inne Bude am Miefen waa, hömma, ich will da gaa nich dran denken. Den Richter hat dat jedenfalls so gaa nich gefallen und dat Ende von dat Lied waa dann, dat der Dieter wegen Verunreinigung, Erregung vonnet öffentliche Ärgernis und Missachtung vonnet Hohe Gericht zu tausend Piepen, oder ersatzweise ne Woche Knast, verdonnert wurde.

„Hömma Günner", frachter mich, „hasse ma eben tausend Eulen so locker inne Tasche sitzen? Ich jedenfalls nich bei mein Hungergehalt inne Kreisverwaltung. Also muss ich irgnswie kucken, dat ich bis zum Zahltach in zwei Wochen die Kohle zusammenkrich, bleibt mich also nix anderet übrich wie Schwaazarbeit. Hömma, dat dat ja nich mein obersten Chef, der Landschrat, mitkricht, sonz gibet da auch noch Ärger."
Ich sach: „Hömma Dieter, wieso hasse dich denn kein Anwalt genommen? Son richtigen Rechtsverdreher hätte dich da ganz elegant rausgehaun und du hättz gaa nix gelöhnt. Kuck dich die Hartz-Vierer an, die nehmen sich für jeden Scheiß en Anwalt, obwohlse keine Knete ham, dafür latzenwer doch alle reichlich Steuern."
„Hass ja recht, Günner, hinterher bisse immer schlauer."

Samma, wie waa dat damals mit diesen Ernst-August? Weiß schon, der Pinkelprinz, der damals auf sonne Ausstellung in Hannover ne türkische Dönerbude angepinkelt hat. Is der nich mitten Star-Rechtsverdreher sauber ausse Sache rausgekommen? Und hat dabei noch erreicht, dat er durche Presse inne ganze Welt berühmt wurde.

Glückauf!

Teuret Spielzeuch

Bor ey, jedet Mal wenn ich die Nachrichten im Fernseh kuck, krich ich sonne Krawatte. Wat sachsse? Muss man ja, bei dat ganze Rumgesülze vonne Politikers, hömma, da kannze doch gaa nich mehr ruhich bleiben. Da musse dich doch aufregen! Is schon richtich, aber wat dieset Jahr da gelaufen is, dat is jawohl die Krönung vonne politische Ahnungslosichkeit. Glaubsse, ich kannet gaa nich glauben: Ne halbe Milliarde Euronen im Sand gesetzt. Und für wat? Fürn übbergroßet ferngesteuertet Spielzeuchfluchzeuch! Weisse wat, ich kann dat immer noch nich begreifen. Dabei krisse doch so wat für viel billiger in jedet gute Spielzeuchgeschäft.

Hömma, mir fällt da en ollen Kumpel aus meine Schulzeit ein, der Friedel Steinke. Dat waa son Bastler, der hatte sich im Spielzeuchladen ma son Bausatz vonne Firma Gr... - nee, sach ich gezz nich, von wegen Schleichwerbung. Wir wollen ja nich, dat dat wegen so wat noch Theater gibt. Also son Modellfluchzeuch hatter sich gekauft und zusammengebaut. So richtich mit Benzinmotor und Steuerung und et konnte fliegen wie en richtiget Fluchzeuch, nur eben mit Fernsteuerung. Echt gezz, der Friedel waa son richtigen Bastler, der hat dat sogaa fertich gekricht, dat der Flieger noch höher und weiter konnte wie er eigntlich durfte. Und irgnswann hatter auch ma verlauten lassen, dat er keine dreihundert Märker für dat Dingen gelatzt hat. Na ja, vonne Arbeitsstunden wollter gezz nich reden. Aber da kannze ma sehn, dat so wat auch billiger geht.

Oder letztens, da brachtense im Fernseh - inne Lokalzeit vonnen WDR - en Bericht von sonne große Modellbaumesse aus Dortmund, weisse, so mit Modellbahn, ferngesteuerte Autos, und, und, und ... Da zeichtense en Bastler, der hatte son Hubschrauber gebaut und ne Videokamera dranmontiert mit Funk an sein Computer. Und dann konnte der dat Dingen mit sein Computer steuern und in seine ganze Straße rumfliegen lassen. Is ja praktisch! Da kannze schomma von zu Hause aus zukucken, wie sich die Hilde Skiskibowski vonne Flausenkampstraße im Garten ausziehn tut und in ihrn Schwimmingpool am Springen is. Oder wie der polnische Schwaazmalocher bein Paul Käätzmann den Garten umbaut. Und die kriegen dat gaa nich richtich mit. Nee, die denken höchstens, dat da en jungen Mensch doch nochen vernümftiget Hobby hat, anstatt wie die meisten Blagen heutzutage den ganzen Tach vorre Glotze oder vorn Computer zu sitzen. Wenn die gezz wüssten, dat der Flieger ne Minikamera eingebaut hat, würden die dat vielleicht auch anders sehn.

Na ja, jedenfalls sachtense dann im Fernseh, dat der ganze Spaß mit Kamera und Verbindung nachem Computer schon für fümfhundert Öcken zu ham wär. Fümfhundert! Und nich fümfhundert Millionen – die ham die Spezis aus Berlin schon füre Entwicklung von diese Drohne gelatzt, als dat ganze Dingen dann widder abgeblasen wurde. Hömma, der Ami-Spielzeuchbauer muss sich doch ordentlich die Hände gerieben ham. Und allet, weil dann rauskam, dat irgnd son Bundesamt keine Genehmigung geben konnte, damit der Flieger hier inne Gegend rumfliecht. Hömma, da kannze domma sehn, wie diese Schreibtisch-Paselacken innet Ministerium drauf sind: Ers ma raus mitti Millionen, dat en Großkonzern richtich Asche verdient. Wahrscheinlich kriegen die zu ihre übberhöhten Gehälters nochen paa Prozente dabei, anstatt sich ers ma innet eigene Land umzukucken. Spielzeuchläden gibet in jede größere Stadt und in Berlin sogaa en paa ganz große. Hab ich diesen Sommer selbss gesehn.

Und warum wird diesen verkackten ferngesteuerten Flieger ausgerechnet Drohne genannt? Also ich hab inne Schule in Bio gelernt, Drohnen sind beie Bienen die Kerls, die ne Zeit lang mitti Königin rummachen und Späßken ham dürfen. Und wenn die Königin kein Bock mehr auf die hat, werdense aussen Bienenstaat rausgeschmissen und müssen dann sehn, wiese inne Wildnis klaakommen. Weisse wat, dat solltense mitti Flachpfeifen im Ministerium auch machen, anstatt noch monatelang rumzudiskutiern, wer gezz wie viel wusste und wer für den ganzen Schlamassel verantwortlich is. Und der Chef vonnet Ministerium will im Anfang von nix gewusst ham. Nee du, geh mich wech. Und dat allet von unser Steuergeld.

Glückauf!

Urommas Katzenwahn

Samma, hasse dat auch schomma, dat du dich so bei bestimmte Begechnungen immer ma an deine Jugendzeit erinnern tus? Wat sachse, dat kennze auch? Na ja, dann weisse ja auch, warum du dat eine oder andere besonders toffte finz und wat anderet nich ab kannz. Hömma, dat hat ja schon vor hundert Jahre der Urvatta vonne Seelenklempnerei – weiß schon, der olle Siggi Freud – gesacht: Watte als Kröte schon Schlechtet erlebt hass, da kannze dich als Erwachsenen auch nich mit anfreunden. Jau, und bei mich waan dat halt meine Uromma und ihre Katzen.

Dat fing schon irgnswie in meine früheste Kindheit an, wie Mutta und Vatta mit mir in Sommer im Urlaub nache Uromma und Oppa gefahrn sind – mitten Zuch, weisse. Weil Auto waa nich, mein Vatta hatte ja nich ma ne Fleppe. So, Uromma und Oppa wohnten innen kleinet Dorf inne Nähe von Braunschweich aufen Bauernhof zur Miete. Und meine erste Erinnerung waa, dat die Uromma damals schon mehr fürn Bauer seine Katzen übrich hatte wie für mich, ihrn Urenkel. Und wie Oppa und Uromma dann im Nachbardorf en eigenet Häusken gekauft ham (gab ja denn Knete vom Staat – für Heimatvertriebene, weisse), waa wohl dat erste wat se sich zugeleecht ham ne Katze, oder eher en Kater, wie ich dann bein nächsten Urlaub gemerkt hab. Ein Riesenviech und dat hörte aufen Name Peter. Nur bei mich nich. Weil, wie ich ihm dat Pöhlen beibringen wollte, hatter nur noch an mich vorbeigekuckt. Waa eben en Banause – von wegen fehlenden Fußballverstand.

Die Uromma fand dat auch nich toll, von wegen ihrn geliebten Peter und Fußball, also hatse ne so als Trost füre durch mich erlittene Gewalttaten ers ma ne Extraportion frischen Fisch spendiert, klein geschnitten, aufen Silbertablett und noch frische Petersilie aussen Garten drauf. Hömma, kennz doch die Katzenfutterwerbung, wo die vornehme Tussi ausse Schickeria ihre Katze dat Fressen aufen silbernet Tablett serviert. Nur, dat die Uromma nich so toffte ausgesehn hat wie die Perle ausse Werbung. Hömma, und dann durfte der Peter auch noch die Nacht mitte Uromma im Bett. Geh mich wech, da kannze ja bald besser mitti Merkel ... Der Oppa hat sich dat allet nur begekuckt, aber nie wat gesacht und meine Eltern ham zwaa mitten Kopp geschüttelt, sich aber sonz auch nur ihrn Teil gedacht.

So, und dat ging dann jedet Jahr so. So von wegen Urlaub bei Oppa und Uromma aufen Land. Ich wurd älter, die Uromma wurd älter, den Oppa hamwer inzwischen beerdicht und der Peter waa nachher so alt, dat der keine Zähne mehr hatte. Hatter also vonne Uromma dat Fressen als Brei gekricht – hömma, ich hab mich manchet Ma gefracht, obse den Peter nich sogaa allet vorgekaut hat. Aber dat waa noch lange nich allet!

Einma inne Woche stand die Uromma mitten inne Nacht auf, obwohl, eigntlich standse jeden Tach inne halbe Nacht auf, und fing dat Rumorn inne Küche an, so dat wir alle schon – trotz Urlaub – morgens um sechs nich mehr pennen konnten. So, und wie ich dann so inne Küche am Kucken waa, seh ich unser Uromma am Kochen, die Ofenplatte voll mit Kochpötte, paa Schüsseln dabei und ich denk so bei mich: Hömma, welche Kompanie will die denn zum Mittach einladen? Dat hätte mindestens fürt halbe Dorf gereicht.

Jau, und wie et dann aufe Mittachszeit ging, hamwer ers ma gemerkt, dat dat ganze Essen nich für uns bestimmt waa, weil für uns gabet nämlich ... gaa nix! Hömma, da hat die die ganze Fressage inne Bollerkarre gepackt und uns – also meine Eltern und mich – eingeladen, mit sie und die Bollerkarre innet Nachbardorf (weisse, da wose mitten Oppa ganz im Anfang bein Bauer gewohnt hat) zu laufen – se würde da erwartet und hätte wat Wichtiget zu erledigen. Und meine Mutter würde bestimmt Späßken ham, wennse son Pläuschken mitte

Bekannte ausse olle Heimat in Osten hält. Na ja, denk ich, vielleicht finze ja en paa Kumpels zum Pöhlen.

Wie wir dann nach ne Stunde Fußmarsch mitti Bollerkarre im Schlepp innet Nachbardorf ankamen, seh ich, wie auf einma aus alle Ecken sämtliche Katzen, die et da gab, auf uns zurannten und ers ma die Karre am Belagern waan. Ers hab ich, nachdem ich bei vierzich Katzen dat Zählen drangegeben hab, gedacht, Günner, dat waat! Gezz is dein junget Leben an Ende und dat noch, bevor du aufen Gumminasium anfängss. Die Uromma kuckt mich an und dann sachtse, in ihrn Schlesiersläng: „Günner, brauchss keine Angst ham, die machen nix, die hörn auf mich!"

Hömma, die ham tatsächlich aufe Uromma gehört, ich weiß nich, wie die dat gemacht hat. Irgnswie hatse inne Babysprache mitti Katzenviecher rumgemacht und die ganze Horde wie ne Marschkolonne bein Bund hinter die Bollerkarre her. Und zum Schluss aufen Bauernhof ging dat große Fressen los und die Uromma mittendrin und hat riesich Späßken und kuckt mich an und fracht mich: „Kiek mal, Günterchen, ist des net schee?"

Nee ehrlich, schöner wär dat gewesen, en paa Kumpels zum Pöhlen zu finden. Aber irgdnswie waa in dat Dorf ne total verkehrte Welt: Fußball waa nich viel und Schalke, wat waa dat denn? Die paa Leute, die schomma en bissken Schimmer von Fußball hatten, kannten nur den einträchtigen Schnapsbrenner-Werksverein aus Braunschweich. Hömma, da fällt mich ein, die ham tatsächlich ma en Jahr inne erste Bundesliga gespielt. Da gibet nochen paa Fotos in son ollet Fußballbilder-Sammelalbum. Ich glaub, dat waa dat Jahr, wo der Rudi Assauer beie Zecken aus Lüdenscheid-Nord gespielt hat. Aber eigntlich gehört dat ja nich hier hin, weil Katzen und Fußball, muss wohl so ähnlich sein wie Ochse und Chopin-Etüden aufen Klavier.

Die Krönung waa dann dat letzte Jahr – ich glaub ich waa so

umme fuffzehn und der Oppa schon vor zwei Jahre beerdicht – dat ich mitti Eltern nache Uromma gefahrn bin. Der Peter waa schon untere Erde – in Urommas Garten, so richtich mit Holzkeuz und Name reingeschnitzt – und die Uromma hatte sich en neuen Stubentiger, oder besser Stubenpanther, zugeleecht. Widder son Riesenviech, schwatt wie die Nacht und hörte auf den Namen Mohrchen. Jau, und Mohrchen waa wohl auch nich mehr der Jüngste, krichte seine Mahlzeiten auch zum Teil vorgekaut. Waa ja bequem, musste man sich nich groß rumplagen mit Mäuse jagen und so und manchma hatte ich so den Eindruck, dat die Mäuse inne Umgebung vonnet Mohrchen gaa keine Notiz genommen ham. Wozu auch?!

So, gezz hatte dat Mohrchen sein Schlafplatz in dat ursprüngliche Kinderzimmer vonnet Haus auf dat Bett, wat ja eigntlich für Gäste vorgesehn waa. Waa ja auch nix bei, wo die Uromma und die Katze alleine in dat Haus wohnten. Jau, und dann is die Uromma aufe Idee gekommen, ich könnte ja, statt wie die Jahre davor im Gästezimmer zwischen Vatta und Mutta aufe Verwandtenritze zu pennen, doch dat Bett im Kinderzimmer nehmen. Mit dat Mohrchen würde dat schon klaagehn, die wär sowieso die halbe Nacht unterweechs, wenn auch nur im Haus und ab und an ma en Blick im Garten, den Mond bekucken. Jau, denk ich, allet klaa. Dann hasse wenichstens nachts en bissken Ruhe und wirss nich immer wach, wenn der Vatta aufen Lokus muss.

Ich also nachen Abendbrot ab in dat Kinderzimmer, weil irgnswelche Kumpels zum Pöhlen hatte ich in die ganzen Jahre in dat Dorf immer noch nich gefunden, also blieb mich gaa nix anderet übrich. Gezz frachsse dich bestimmt, wieso ich denn nich nochen bissken inne Glotze gekuckt hab!? Du glaubss dat bestimmt nich, aber Fernseh hatte die Uromma gaa nich, nurn urollet Radio und dat konnte nur ein Sender. Zwanzich Ma am Tach Nachrichten, Wetter, Landfunk und ansonsten nur so altmodische Mucke, so klassisch, weisse? Also nich Beatles oder Stones, sondern mehr so Robbert Stolz und Walzer und Operettenmucke. Blieb mich also nix anderet übber wie ab im Kinderzimmer, bettfertich gemacht, Buch rausgeholt (jau, du liest richtich, en Buch, weil Gameboy gabet zu meine Jugendzeit noch nich, und wenne Musik aussen Kassettenrekorder hattz, dann waasse schon aufen neuesten Stand vonne Technik) und ab aufen Bett noch ne Runde lesen. Und ich krich dabei so mit, wie dat Mohrchen durche halboffene Tür am Glotzen waa. Und wie unsere Blicke sich trafen, haute die ab wie son Kugelblitz. Datselbe ne halbe Stunde später. Hömma, ich glaub, die hat wohl ausbaldowert, wann ich denn gezz endlich die Döppen zumach und penn. Irgnswann krich ich mit, wie die Eltern und die Uromma im Bett gingen und ich denk, gezz solltet für mich vielleicht auch ma Zeit zum Ratzen sein.

Mitten inne Nacht werd ich auf einma wach und merk son Druck aufen Bauch. Ich denk, vom Essen kann dat eigntlich nich sein, so viel hasse doch gaa nich ... Mach also den Kopp en bissken hoch und seh dat Mohrchen auf mein Bauch liegen, am Poofen! „Jau“, sach ich, „dat gibet doch wohl nich, gezz mach ma dat du Land gewinnz!“ Dreh mich dabei so richtich mit ein Ruck aufe Bettkantenseite und dat Mohrchen rollt vonnet Bett runter aufe Erde, nimmt den Schwanz zwischen die Beine und ich hörse noch die Treppe runterlaufen. So, denk ich, gezz sieh zu wo du bleibss, hier kommsse jedenfalls nich mehr rein. Mach also die Tür zu und dann waa Ruhe.

Nächsten Morgen, so um fümf Uhr rum muss dat wohl gewesen sein, werd ich wach und hör die Uromma rumkrakelen, wer denn wohl ihr Liebstet ausgesperrt hätte und dat würd jawohl gaa nich gehn. Ich denk, wat soll dat denn, mitten inne Nacht sonne Randale zu machen, normale Menschen schlafen da noch, hab ja Ferien. Na jedenfalls hat dat Mohrchen dann jeden Tach ne Sonderration gekricht. Die Uromma hat aber den Rest vonne Ferien kein Wort mehr mit mich gesprochen. Dafür durfte dat Mohrchen wohl bis annet Ende vonne Ferien bei ihr im Bett ratzen. Gut, dat wir drei Tage später nach Hause gefahrn sind. Dat waa dann sowieso dat letzte Ma, dat wir inne Ferien nache Uromma gefahrn sind, weil dat Jahr dadrauf hamwer se beerdicht. Wat aus dat Mohrchen geworden is, weiß ich nich, aber irgnswie kam übber Mutters Freundin aus dat Dorf sonne Info, dat man en paa Tage nache Beerdigung ne tote schwatte Katze aufen Grab gefunden hätte.

Nu is die Uromma schon vierzich Jahre untere Erde, aber ein Andenken an ihr hab ich behalten: Ich kann Katzen nich leiden. Dat heißt genau genommen, ich konnte Katzen nich leiden. Bis vor drei Jahre unsere Nachbarn sich en Kater aussen Tierheim geholt ham. So richtich mit püschologische Beratung vonnen Tierheimchef, von wegen dat auch dat richtige Tier inne richtige Familie kommt. Eigntlich wolltense ja auch son typischet Schmusekätzken ham, aber dann waa auf einma Julius da. En ausgewachsenen Kater, ungefähr so groß wie en Luchs und die Mentalität vonnen Hund. Hömma, der hat ausser auf seine Hauschefs sogaa aufe Nachbarn gehört. Zumindest, wie ich ihm zwaa dat Rumlaufen in unsern Garten erlaubt hab, aber nich die Vögeljagerei (außer die Luftratten, weiß schon, die Wildtauben).

Hömma, dat hat der von Anfang an kapiert und ich musste ihn noch nie wat Böset sagen. Und nich ma die Beete inne Gärten machter kaputt. Kommt ab und an ma rübber, holt sich en Leckerchen ab und jagt mitten kräftiget Fauchen und en paa schnelle Bewegungen die Tauben wech. Hömma, der hat echt Charakter und is mittlerweile en richtich tofften Kumpel geworden. Weisse wat, so langsam fang ich an, doch son bissken wat für Katzen übrichzuham.

Glückauf!

50 MIO
Mehrwert
VK 2012

Soziale Gerechtichkeit

So, gezz ers ma Lottoschein ausfüllen und ab nache Lottobude damit. Könnte ja domma sein, dat man ma en bissken Glück hat und mehr wie 8,60 € bei rumkommt. Jau, sach schon: rausgeschmissenet Geld! Sollze besser aufe Sparkasse bringen! Nee lass ma, krisse auch nix für, und wenne denn mitte Jahre domma en bissken wat zusammengespart hass, kommt dat Finanzamt und dann krisse noch wat abgezockt, ohne dat du wat dagegen machen kannz. Weil, biss ja nich Millionär, dat du deine Penunsen irgnswo inne Steueroase inne Karibik verschieben kannz. Und gezz ma ganz ehrlich: Hasse schomma von einen gehört, der mit seinen normalen Job so richtich reich geworden is? Also ich nich!

Nee, also unser Oppa hat sein Leben lang malocht, der Vatta auch, und ich hab gezz auch schon gut vierzich Jahre aufen Puckel, aber dat da irgnswie en bissken mehr bei rum kam wie alle paa Jahre ma en Urlaub oder en einfachet Auto, meistens ne olle gebrauchte Gurke, also dat waa nich. Wofür auch, kannze ja sowieso nix mitnehmen, wenne dann annet Ende von dein Arbeitsleben inne Kiste liechss und endlich kein Stress mehr hass. Weil Rente? Vergisset! Wennet nach die da oben geht, sollze doch malochen bis zum Abnippeln.

Bloß, wenn ich ma ehrlich bin: Et geht meine Sippe und mich ja noch einigermaßen, weisse, genuch zu essen, Plörren zum Wechseln und ich muss nich inne Bruchbude wohnen. Und ne Armbanduhr für 7,50 € ausse Aktion bein ALDI oder ma ne neue Brille zum Nulltarif von diesen Optik-Supermarkt, wie heißt der noch? Feldmann oder Sputnik? Oder vielleicht doch Apollo? Is auch egal. Jedenfalls den Billichoptiker bei uns aussen Ärztehaus, wo auch der Augendokter sein Laden hat, kann ich mich immer noch leisten. Und wenn ma en neuet Fahrrad fällich is gibet ja Ebay, also warum gezz rumjanken?

Neulich treff ich seit Jahre ma widder mein ollen Schulkumpel

Ulli Sulzmann. Der hatte nache Schule, so wie wir alle damals, en ordentlichet Handwerk gelernt. Irgnswat wie Maschinenbauer oder Schlosser oder so wat, Kurse gemacht, Familie gegründet, Blagen inne Welt gesetzt und sein Leben lang malocht, bisser dann Rücken gekricht hat. Anstatt nachem Dokter zu gehen, hatter die Zähne zusammengebissen und weitermalocht. Hömma, ich musste ers ma zweima hinkucken, hätt ne bald gaa nich mehr erkannt. Nich mehr sonne Kante wie früher, sondern mehr son Spargeltarzan, und ich kuck ne so an und frach: „Samma Ulli, bisse dat wirklich oder is dat dein Geist oder wat? Wat is denn mit dich passiert?" Und der Ulli kuckt mich an und sacht: „Mensch Günner, du biss dat? Hömma, ich hab dich gaa nich richtich erkannt."

Jau, und dann erzählt der mich wat, hömma, so wat kannze bald jeden Tach inne Zeitung nachlesen, aber gezz nich aus Amerika oder Afrika oder Indien, sondern hier aus unsere eigene Bananenrepublik. Nachdem der Ulli also übber dreißich Jahre in ein Betrieb für Autoteile – die ham wohl für Opel geliefert – den Meister gemacht hat, ging der Laden übber Nacht Pleite und er und noch zweihundertfuffzich Mann saßen auf einma aufe Straße. Hat dann vom Arbeitsamt en paa Wochen Knete gekricht und fing dann bei ne andere Firma an, aber nich mehr als Meister, dafür waa er zu teuer. Und en paa Jahre später ging die Firma dann auch übbere Wupper und der Chef mit zich Millionen ab inne Schweiz und von da aus inne Karibik, wo er sich gezz en tofftet Leben macht. Und der Ulli und seine Kollegen saßen widder alle aufe Straße. Neue Arbeit waa nich mehr, waan ja schon alle übber fuffzich, da bisse nur noch ollet Eisen.

Und gezz versuch ma, wenne die Knochen kaputt malocht hass, frühzeitich anne Rente zu kommen. Kannze vergessen. Die führn dich son jungen hochnäsigen Dokter vor und von den krisse dann gesacht, kannz ja noch leichte Arbeit im Liegen machen. Und Rente könnze dich vonne Backe putzen, da musse schon mitten Kopp untern Arm kommen. Und den

Kopp kannze notfalls immer noch inne Ecke legen und mitte Hände arbeiten. Leichte Arbeit im Liegen? Hömma, wo gibet dat denn? In Herten inne Matratzenfabrik vielleicht, aber die hat inne letzte Jahre zugemacht. Und im Pütt im achtziger Streb? Nee, da malochsse zwaa im Liegen, aber leicht is dat auch nich, frach mein Vatta, der kennt dat. Und gezz wo in Kamp-Lintfort der Pütt dichtgemacht hat, bor ey waa dat rührnd, wie die Hanne Kraft mitten Knappenanzuch an am Flennen waa.

So, und weil der Ulli ja nun ma nich ohne Rabotti konnte, hatter sich wat Neuet gesucht. Hat für sieben Eulen die Stunde bei son Sklavenhändler – ich glaub, dafür sacht man auf Neudeutsch auch Zeitarbeitsfirma – angefangen, und wie er nachen paa Wochen ma höflich anfrachte, ob er nich ma so langsam wat mehr kriegen könnte, hätt ihm der Chef, so einen mit feinen Zwirn und dicken Porsche unterm Hintern, wohl gesacht, et würde nich mehr geben und wennet nich reicht, könnter ja nachen Jobcenter gehn und en Hartz-IV-Antrach stellen. Dat würden die andern Kollegen auch alle machen. Wofür wär der Staat denn da!

Hömma, ich an den Ulli seine Stelle hätte diese Flachpfeife einfach ma gründlich die Fresse poliert – weil dat is ja die einzige Sprache, die diese Paselacken verstehen. Aber der Ulli is einfach nur widder abgedackelt und hat weitermalocht. Und wie er dann dochen paa Wochen später Hartz IV beantracht hat, weilet nich mehr anders ging, is ihm auch noch seine Olle abgehauen, hat sich en reichen Macker gesucht, weilse sah ja noch ganz passabel aus, und der Ulli durfte gezz auch noch Alimente latzen.

Wat glaubsse wohl, wat einen dat mitnehmen tut, wenne so wat hörss. Ich hab den Ulli also ers ma aufen Pilsken nachem Stratmanns Jupp eingeladen und der erzählte mich dann noch, wie er gezz so lebt. Zwei Stunden mitten Bus und mitten Zuch nach Hamm, acht Stunden in schlimmsten Dreck malochen für sieben Euros die Stunde und dann zwei Stunden widder nach Hause. Dat für achthundert Piepen netto in Monat und davon müsster noch sein Ticket 1000 löhnen und seine Olle wollte auch noch Unterhalt ham. Dat jahrelang Ersparte waa schon ne Zeit lang wech und gezz wohnter inne billige Bruchbude, holt sich seine Klamotten ausse Kleiderkammer vonne Caritas und Fressalien vonne Tafel. Bei besondere Anlässe würder sich schomma en Fläschken Öttinger Export aussen Supermarkt gönnen, weil dat ein Cent billiger is wie dat Öttinger Pils. Und wenn irgnswann ma der Kühlschrank oder die Waschmaschine den Geist aufgeben, hätter echt en Problem.

Hömma, ich kuck den Ulli so an und frach ne dann: „Samma, Ulli, bisse mich gezz nich böse, aber ich glaub, irgnswie hasse doch wohl nich alle Tassen im Schapp, dat du dich dat antus, für son Peiaskopp, der sich von deine Maloche und dat Almosen, wat du kriss en tofftet Leben macht und sich übber dich und deine Kollegen noch in alle Öffentlichkeit kaputtlachen tut. Ich an deine Stelle würd mich en Krankenschein nehmen, so lange, bisser dich rausschmeißt, und dann würd ich mit mein Allerwertesten zu Hause bleiben und die Hartz-Knete mitnehmen, ohne den Dreck und die Gurkerei durche Weltgeschichte. Und wenne Langeweile hass, meldze dich fürn Ein-Euro-Job, da krisse auch noch wat nebenbei und ganz nachen Gesetz. Glaub mich dat, da hasse en besseret Leben als gezz und machss auch noch wat Sinnvollet. Anne spätere Rente machsse sowieso nix mehr dran und deine Olle kuckt mitte Alimente inne Röhre."

Ich glaub, irgnswie muss dat da bein Ulli wohl klick inne Birne gemacht ham, weil en paa Wochen später treff ich ne inne Shoppingmeile mit ne schicke Uniform mit City-Service hinten drauf und et waa ihm schon auf zehn Meters anzusehn, dat ihm dat ne ganze Ecke besser ging. Jau, und dann hatter erzählt, er würde inne Möbelkammer vonne Caritas auch noch ehrnamtlich en bissken wat machen, da wärer denn günstich annen fast neuen Kühlschrank gekommen. En Fernseh hätter gezz auch widder, für zwanzich Öcken, is zwaa Röhre, aber für Heute-Nachrichten würde dat reichen. Siehsse, geht doch!

Bloß ... hömma, wie kann dat sein, dat einer, der jeden Tach malochen tut, am Ende vonnen Monat nich genuch Kohle inne Tasche hat, dat et zum Leben reicht? Mein Vetter, weisse, der Otto Korsinetzky, hab ich wohl schomma von erzählt, der malocht bein Jobcenter inne Nachbarstadt, der hat mich neulich ma verklickert, dat dat Tausende von Leute gibt, die dat genauso geht wie den Ulli, und dat würden inne letzte Zeit immer mehr. Und der muss dat ja wissen. Weisse, irgnswat passt doch da nich!

Vor allem, wenne denn so siehss und hörss und liest, dat et da Leute gibt, die noch nie in ihrn Leben en Finger krumm gemacht ham und nich wissen, wohin mitte ganze Penunsen. Meinze nich, dat et ma langsam Zeit wird, diese Paselacken auch ma anne soziale Verantwortung zu erinnern und denen ma en bissken wat abzuknöppen und nich immer nur den Malocher, der sowieso schon nix mehr hat? Aber weisse wat, vonne Merkel und ihre Komplizen kannze da sowieso nix von erwarten. Und denk ma nich, dat von den Steinbeißer oder Steinbrück, oder wie der heißt viel mehr kommt, wenner dat übberhaupt hinkricht, die Merkel beie nächste Wahl den Stuhl abzusägen. Is doch rausgekommen, wie der tickt und wie viel Dreck der am Stecken hat. Nee, geh mich wech! Ich für mein Teil weiß jedenfalls wie ich inne nächste Zeit mit diesen ganzen Stuss umgehn tu.

Glückauf!

Weltuntergang

Samma, kannze dich noch erinnern? So letztet Jahr vor Weihnachten? Hömma, da gabet doch tatsächlich son paa Bekloppte, die dat Gerücht inne Welt gesetzt ham, drei Tage vorn heiligen Abend würde die Welt untergehn. Und weil dat wohl die Bild Zeitung als Erstet mitgekricht hat, wurde dat auch gleich innerhalb vonnen paa Tage inne ganze Welt verbreitet. Weisse, dat hätten wohl vorn paa tausend Jahre die Pastöre von son Indianervolk aus Mexiko ma ausgerechnet und die Berechnung kannze heute noch inne Ruinen von die ihre ollen Tempels nachlesen. Jedenfalls, wenne die Sprache von diese Müllers äh Mayers oder so lesen und verstehen kannz. Wat meinze, wat so manche Leute sich schwatt geärgert ham, dat die schon jede Menge Penunsen für Weihnachtsgeschenke rausgeschmissen ham.

Gut, wir hatten uns mit unsern Kegelklub auch schon abgesprochen, an unsern Kegelabend, der zufällich genau auf diesen besachten Tach fiel, Stratmanns Jupp seinen Bier- und Weinkeller leerzusaufen, und seine Küche leer zu mampfen. Weil, wenn die Welt so direkt zum Ende von den Kegelabend inne Binsen geht, brauchtenwer nix mehr dafür latzen und der Jupp hätte die Arschkarte. Nur unser Kumpel Theo hatte da son bissken Bedenken, weil, sachter, wenn dat gezz ne Falschmeldung vonne Prawda wär, dann hätte der Jupp seine Kasse so richtich voll und wir könnten uns unsere nächste Kegeltour wohl klemmen. Hömma, gut dat wir auf den Theo gehört ham. Kumma, gezz is dat schon en paa Monate her und wir sind alle immer noch da.

Die Welt dreht sich weiter, die Oberen stecken sich noch immer die dicke Knete inne Taschen und ne Menge Bekloppte ballern sich noch immer gegenseitich ihre Ländereien kaputt. Die Reichen werden immer reicher und die, die nix ham, ham noch weniger. Und die Politiker kucken sich dat allet an und ham nix anderet zu tun, wie dat allet schön zu labern. Und der

Steinbrück schafftet doch auch nich, die Merkel von ihrn Sessel zu schmeißen. Nee, geh mich wech. Und wenne gezz ma inne Geschichte kucken tus, da gabet schon immer sonne Schlauberger, die berechnet ham wollen, wann unsere Welt endgültig kaputtgeht. Hamse alle falsch gelegen, sogaa die Mathefuzzis oder diesen Nostradingens.

Hömma, letztens hab ich ma widder ne neue Berechnung vonne Ursel Bachowski, die bei uns den Esoterikladen hat, gehört. Weil, die hat sich da wohl ne neue Verkaufsstrategie für ihre Schottersteine vonne Externsteine ausgedacht. Obwohl, interessant waa dat schon. Also, die Ursel hätte gehört, dat wenn der Nachfolger von den Papst mitte Olive (da hatse wohl den XVI, Benedikt Ratzinger, gemeint) sein Abgang macht, dann würde die Welt untergehn. Also, wenn ich ehrlich bin, kann ich mich da nur eins vorstellen. Die Katholiken sind bis dahin, weilse dat Gesülze vonne Päpste und Kardinäle satt hatten und et inne Kirchen keine Pastöre mehr gab, nach und nach alle evangelisch geworden und im Vatikan zoch auf einma ne Päpstin ein: die Merkel! Größenwahnsinnich genuch isse ja, und kaputtmachen kannse auf den Posten jedenfalls nix.

Glückauf!

Halloween?

Hömma, gezz geht dat heute schon den ganzen Tach, dat die Blagen mit irgnswelche Hexen- und Geisterkostüme durche Straßen ziehen, übberall Klingelmännekes machen und die Leute anmachen von wegen Süßichkeiten. Ich kuck also aufen Kalender und komm zu dat Ergebnis, dat da wohl wat nich richtich sein kann. Karneval fängt doch erst am 11.11. an, genau genommen dann um 11:11 Uhr. Heute hamwer den 31. Oktober. Irgnswat passt da nich.

Die ersten Kröten ham schon an frühen Nammittach anne Tür gestanden und mich blieb gaa nix anderet übrich, wiese nen Appel oder ne Banane anzubieten. Wolltense aber nich, könnte ja vielleicht gesund sein. Wat sollt ich machen? Haribo oder Klümkes hatt ich nich im Haus. Wofür auch, wat hab ich mit Halloween am Hut? Und dann ging dat Schlach auf Schlach. So alle halbe Stunde stand da ne andere Truppe vorre Haustür, und ich hab gaa nich mehr aufgemacht. Bis irgnswann so an späteren Abend – waa schon Tageschau im Fernseh zugange – sonne Truppe aussen Kindergarten oder Grundschule innen Vorgarten stand, mit ein erwachsenen Enddreißiger am Zaun, wohl ein Vatta von ein oder mehrere vonne Blagen, und ich denk, gezz passt ma auf, ich sach euch gleich ma, wat heute is.

Mach also die Tür auf und die Blagen lassen auch sofort ihre Sprüchskes los, so von wegen dat ich se ma wat zum Schnuckern raustun soll. Ich kuck die an und dann kuck ich den Vatta an und frach ganz doof: „Hört ma, wat is dat denn, hamwer schon Karneval oder wat?“
„Nee Onkel, heute is doch Halloween, so mitte Geister und so und mitten Kürbis“
Und der Vatta kuckt mich groß an und fracht: „Sagense ma, Se sind wohl noch von gestern!“
Ich sach: „Gezz passense ma auf, heute is der 31. Oktober und ich hab noch inne Schule gelernt, dat dat Reformationstach heißt. Und damals im Konfirmandenunterricht hat uns der

Pastor die ganze Lebensgeschichte von den Martin Luther eingebläut und von jeden Konfirmand abgefracht – bis wir et singen konnten."
Ja, sacht der Vatta, da hätter nich viel mit am Hut, wär zwaa aufen Papier noch katholisch, aber die Kirche hätter schon en paa Jahre nich mehr von innen gesehn. „Bleibense mir wech mitte Kirche, kommt sowieso nich viel Gescheitet von."
Jedenfalls is die ganze Truppe dann abgedackelt, ohne Klümpkes und Haribo, weil hatt ich ja nich im Haus, und en Appel oder ne Tomate wolltense nich. Pilsken hatt ich nochen paa Fläschkes im Haus, aber man soll ja die Blagen nich schon so früh damit bekannt machen.

Und dann fiel mich nach und nach widder ein, wat dat mitten Reformationstach damals so auf sich hatte. Dat der Martin Luther vor gut fümfhundert Jahre in Wittenberg, inne frühere DDR, mitti Obersten vonne katholische Kirche in fümmenneunzich Sätze ma so richtich Tacheles gesprochen hat, dat die alle en roten Kürbis vor Wut gekricht ham. Hömma, gezz hab ich et, wat Halloween und Reformationstach gemeinsam ham: den Kürbis!

Glückauf!

Schlipsträger

Bor ey, ich krich schon widder son Hals! Weisse, da is in drei Monate widder eine von diese doofen Familienfeiern, und meine bessere Hälfte macht sich gezz schon en Kopp von wegen wat ziehenwer an? Also nich wat sie sich anziehen will, nee, sie macht sich auch so ihre Gedanken, wat ich mich denn anziehen soll. „Günner", sachtse, „du muss dich en Anzuch und en Schlips anschaffen, beie Feier kannze nich in Jeans und in Hemdsärmel auftauchen. Dat bleibt dann allet an mich hängen, weil ich et nich geschafft hab, dat du dich vernümftich anziehen tus. Da kommense alle mit Anzuch und Schlips."

Meine Fresse, denk ich, wann hasse eigntlich dat letzte Ma sonne Manageruniform angehabt? Dat muss wohl mindestens dreißich Jahre her sein ... damals bei unsere Hochzeit. Gut, den Anzuch musstenwer vor zwanzich Jahre inne Altkleider spenden, weiler mich denn nich mehr gepasst hat. Und der Schlips is irgnswo im Kleiderschrank hängengeblieben. Ehrlich, seit inne letzte zwanzich Jahre Schlips und Kragen beie breite Mehrheit so mehr oder weniger ausgestorben sind, hab ich mich so richtich engagiert diesen Trend angeschlossen.

Hömma, dat waa mich als Kröte schon en Greuel wennet hieß: „Omma hat Geburtstach, Onkel Fritz hat Geburtstach, da müssenwer hin. Also Günner, Anzuch an, Fliege ummen Hals und pass bloß auf, dat du die Klamotten nich dreckich machss!" Und wenne bein Kaffeetrinken dann doch mitten Kakao aufet Hemd gekleckert hass, gabet ers ma ne Ohrlasche von Muttern. Spätestens nach meine Konfirmation hab ich mich geschworn, mich den Rest von mein Leben nich mehr mit so wat zu verunstalten. Gut, waa ja damals auch die Zeit vonne Hippies, Woodstock und so ... Und wie et dann nache Schule dadrum ging, wat du fürn Beruf lernz, waa der erste Gedanke für mich: Günner, du wirss auf keinen Fall Banker, da darfsse ja nur noch mit Anzuch und Schlips. Nee, dat tuusse dich nich an! Und glaubsse, ich hab dat durchgezogen und trotzdem wat

Anständiget gelernt. Bis en paa Jahre später beie Hochzeit, aber dat waa dann en Ausnahmezustand und danach gabet immer ne Alternative: schwatte Jeansbuxe, Rolli oder Pullover übbert Hemd – auch später aufe Beerdigung von Omma, Schwiegervatta und Vatta. Weisse wat, is übberhaupt nich aufgefallen die ganzen Jahre, weil ... ich waa nie der Einzige.

Und wenne dich heute ma bekucken tus, wer denn in unsere Zeit noch mit Anzuch und Schlips rumläuft: Politiker, Manager, Unternehmensberater, Rechtsverdreher. Die kleinen Bankangestellten lass ich gezz ma außen vor, weil, die laufen nur so rum, weilse müssen. Aber unsere ganze Führungseliten, die alle meinen, zum Porsche oder Benz gehört auch en Schlips, die staffiern sich damit aus, weilse die Welt wohl zeigen wollen, dat se wat Besseret sind. Nee du, geh mich wech mit dieset Gesocks. Weisse wat, nochen Grund mehr, sonne Klamotten zu verweigern: Soll keiner aufe Idee kommen, dat ich irgnswie zu die gehörn tu!

Und diese Familienfeier in drei Monate? Hömma, ich hab da schon widder son Ziehen und Drücken im Rücken, dat so innet rechte Bein strahlt. Und mit dat Knie fangen die Malässen auch widder an. Ich glaub, wenn ich dat die nächste Zeit machen lass, gibt dat nich nur zwei längere Krankenscheine, sondern die Familienfeier hat sich dann auch für mich erledicht. Bin ich auch nich böse drum!

Glückauf!

Statussymbole

Hömma, du glaubss et nich, wer mich da letztens übberm Weech gelatscht is! Kannze dich noch an unsern ollen Kumpel von früher, den Heinz Kurze erinnern? Genau der, der damals bei uns innen Betrieb als Aktenhalter und Bürobote angefangen is. Damals noch mit richtich Matte aufen Kopp und immer dat Holzfällerhemd ausse Jeansbuxe raus, und wennet draußen ma en bissken kälter waa, hatte der immer sonne olle Schimanski-Joppe an. Und nach Feierabend inne Kneipe immer dabei, meistens en bissken ruhich, aber wenn von ihm ma en Spruch kam, dann hat der gesessen. Jau, du sachss et: Der, der damals mit seine Perle in sonne japanische Reisschüssel, auch nich größer wie son Polski-Fiat, im Urlaub bis nach Norwegen hoch, ich glaub Spitzbergen hieß dat, gefahrn is. Meine Fresse, waan dat noch Zeiten.

Na jedenfalls waa dat letzte Woche aufen Zentralparkplatz inne Kreisstadt, wie der mich nach die ganzen Jahre übberm Weech lief, oder besser fuhr! Genau genommen, wie der sein Auto neben meine Karre parkte. Hömma, son richtigen Nobelschlitten, nee also gezz nich mitten Stern aufe Haube, sondern mehr so wat Seltenet noch ne Klasse drübber. Jau, und dann seh ich, wie der Fahrer aussteicht und denk so, verdorrich, die Fresse kennze doch irgnswoher! Der kuckt mich an und sacht: „Mensch, Günner, bisse dat wirklich, ollen Schwede, hömma, hass dich ja gaa nich verändert."

Ich kuck ne so an und denk so für mich, dat der Heinz sich aber inne Jahre reichlich verändert hat. Haare kurz und top frisiert, vorne schon bissken Pläte, und en Anzuch vom Designer mit Seidenschlips und allet, wat dabeigehört. Erzählt noch son bissken, dat er nach den Job damals Wirtschaft studiert hat (passte ja, waa ja in unsere jungen Jahre immer mit dabei inne Wirtschaft, wennwer die Pilskes vernichtet ham). Und dann hätter so richtich Karriere gemacht und gezz en hohen Posten inne Verwaltung. Und deshalb auch den dicken Schlitten: Daimler-England, weil Benz oder BMW würd ja jeder fahrn, und er wollt schon en bissken wat anderet. So, und gezz müsster auch weiter, weil er hätte nochen wichtigen Termin bein Landschrat, da wollter nich zu spät sein. Wech waa er. Na ja, denk ich, irgnswie is der Heinz auch en bissken komisch geworden. Meint also, mit sein dicken Nobelhobel wat Besseret zu sein wie die andern Bonzen im Kreis. Aber weisse wat, dat waa ja schon immer so. Wenn einer meinte, er wär wat Besseret, musster dat auch mit sein fahrbaren Untersatz die Öffentlichkeit zeigen.

Weisse wat? Wenn ich mich dat ma so richtich übberleech: Vor fuffzich Jahre waan manche Leute schon genauso bekloppt! Nee echt, ich habet in meine früheste Jugend selbss erlebt, glaub mich dat. Wir sind ja Ende vonne fuffziger Jahre inne neu gebaute Siedlung eingezogen, wo alle aufen Pütt umme Ecke malocht ham. Dat hieß also, dat von Anfang an jeder jeden kannte. Kumpels zum Spielen hasse also immer gehabt und Platz gabet auch. Entweder bei den einen oder andern im Garten, und wenn nich: Damals konnze ja sogaa noch aufe Straße spielen, und wenn ma en Fahrzeuch vorbeikam, dann waa dat der olle Obst- und Gemüsehändler August Lietzke mit sein Pferdefuhrwerch oder der eine oder andere Nachbar, wenner mitten Auto inne Stadt wollte. Nachem Pütt gingense alle zu Fuß, waa ja nich ma zehn Minuten und Einkaufen konnze inne Erna Holtkötter ihrn Tante-Emma-Laden anne Ecke Frankenhof.

Die einzigen Autos gehörten Vatta und Sohn Reilmann, drei Häuser weiter. Der Sohn, Paul, hatte en Goggo und der Vatta, Willi, en Goggo-Coupé. Und wenne gezz ma übberleechss, beide so Kanten von zwei Meter, hömma, dat wa immer en Späßken, denen zuzukucken, wie die sich ihre Goggos angezogen ham. Wie, kennze kein Goggo mehr? Dat waa son Kleinstwagen, da is der Trabbi ne richtige Großraumkutsche gegen, und dat Dingen durfze damals sogaa mitten Mopedführerschein fahrn. Ach ja, ein Haus davor hatte der Horst Orrischke immerhin schon bissken wat Größeret: Son Leukoplastbomber. Also dat waa ja dat Vorbild, wo die Autobauer inne frühere Ostzone sich den Trabbi von abgekuckt ham.

Dat waa et dann mit Autos inne Siedlung. Sonz gabet höchstens noch dat eine oder andere Fahrrad und für größere Transportaufgaben hatte immer irgnsein Nachbar ne Bollerkarre. Jau, dat ging auchen paa Jahre ganz gut, bis dann dat Jahr, wie ich inne Schule kam, unser Nachbar Albert Fritzek sich en gebrauchten Käfer kaufte, noch dat Modell mit dat Brezelfenster hinten, weisse? Waa ja immerhin schon wat Besseret wie Goggo oder Lloyd. Weil, der Albert Fritzek gehörte irgnswie nich so ganz inne Siedlung unter die ganzen Berchleute. Der waa zwaa auch aufen Pütt, aber nich unter Tage, sondern mehr so als Angestellten innet Lohnbüro. Meinte dann auch, er wär wat Besseret, weiler sich ja nich dreckich machte und jeden Tach mit Anzuch und Schlips nache Maloche ging. Bloß, dat der im Lohnbüro nich im Gedinge (bergmännisch: Akkord) malocht hat und deshalb auch weniger Knete nach Hause brachte und nur zwei Tonnen Kohle im Jahr krichte. Aber der Albert meinte, dat würde keiner inne Nachbarschaft wissen und bestand dann auch dadrauf, dat seine Gisela immer wie sonne feine Tussi rausgeputzt rumlaufen musste, während er selbss immer so tat, als ob er der oberste Chef vom Pütt wär.

Die nächsten drei Jahre waa die Welt dann auch in Ordnung, bis auf einma der Nachbar aufe andere Seite von uns, der Helmut Kipparski, seine Fleppe machte und sich auch en gebrauchten Käfer kaufte, aber der hatte immerhin schon die große Scheibe hinten. Hömma, ich weiß dat noch, der Albert stand kurz vorn Herklabaster. Wie konnte dat sein, dat der dreckige Kumpel von unter Tage sich ne bessere und neuere Karre leisten konnte wie er, der feine Angestellte?! Vier Wochen später stand en nagelneuen Käfer bei ihm vorre Haustür. Dat die andern Nachbarn dann inne Jahre danach auch schomma en neuet gebrauchtet Auto hatten, hatter dann wohl irgnswie nich mehr so eng gesehn, weil irgnswann is auch für Goggo und Leukoplastbomber ma Schluss, weil der TÜV die Karre aussen Verkehr zieht. Also die nächsten Jahre waa ers ma allet paletti inne Nachbarschaft.

Und dann kam so die Zeit, wo nache Schule die Lehre anfing, und von mein erstet Geld und en bissken wat Gespartet hatte ich so nach vier Monate denn auch die Fleppe und mein erstet Auto: en sieben Jahre alten 1300er Käfer! Hab ich en Tausender für ausgegeben und der hatte noch übbern Jahr TÜV. Und wie der den ersten Tach vorre Haustür stand, hömma, ich will einsteigen und seh so zufällich, wie der Albert hinter die Gardine am Kucken waa. Und irgnswie kamen seine Gedanken so bei mich an: Wie kann dat sein, dat der Stift im ersten Lehrjahr sich en neueret Auto leisten kann wie ich, und dann auch noch mit mehr PS?! Sechs Wochen später stand en nagelneuen Polo I vor seine Haustür, waa damals dat Neueste vom Neuesten inne Kleinwagenklasse. Und immerhin fümf PS mehr wie mein Käfer.

So, gezz waa dat in mein Lehrbetrieb so geregelt, dat wir Stifte aussen Büro denn auch schomma ne Dienstfahrt machen mussten. Schomma Kleinteile am Kunde ausliefern, wo man kein großen Laster für brauchte, oder nache Post oder auch schomma Botenfahrten nach ne Außenstelle vonne Firma. Natürlich mitten Firmenwagen, und da gabet so einige: vom Opel Rekord Kombi vom Baustellenleiter übbern Schlosserei-Käfer bis zu die japanische Luxuskutsche vom Betriebsleiter. Und dann gabet noch den 500er Benz vom Alten, also vom Direx. Und wenn dann sonne Reise ma en bissken länger dauerte, hatte auch jeder Stift die Erlaubnis vom Alten, für dat Mittachessen bei sich zu Hause, Pause zu machen. Hömma, wat glaubsse wohl, wat der Albert jedet Ma doof am Kucken waa, wenn ich dann schomma öfters mittachs und jedet Ma mit ne andere Karre vorgefahrn bin. Und immer mindestens obere Mittelklasse. Und wie denn ma der 500er Benz vom Direx vor unsere Haustür stand, ich glaub da waa et soweit, dat die den Albert abholen mussten – mit Blaulicht, weil wegen Herzklabaster. Ob da wohl irgnswie en Zusammenhang bestand? Is auch egal, ich hab mich da jedenfalls kein schlechtet Gewissen gemacht und der Albert waa ja paa Wochen später widder da. Nur dat er gezz nich mehr mitten Auto gefahrn is. Nee, seine Gisela durfte gezz Fleppe machen und musste ne kutschiern. Glaub mich dat: Die Bekloppten am Steuer werden nich weniger!

Und wenn ich schomma öfters mit mein aktuellen rumänisch-französischen Kleinwagen so mit 120 Sachen aufe Autobahn ne Lkw-Kolonne übberhol, und da kommt denn sonne Blitzbirne mitten dicken Benz oder BMW von hinten und hängt sich mit Lichthupe an meine hintere Stoßstange, weisse wat, da geht höchstens schomma mein gestreckten Mittelfinger rückwärts nach oben. Sonne Flachpfeifen verstehn ja nix anderet. Und gezz ma ganz ehrlich: Am Ende von son Autoleben sind se aufen Schrottplatz doch alle gleich.

Glückauf!

V. K.
3/92

Dat Kreuz mit dat Lotto

So, Freitachmittach: Feierabend! Ab nach Hause aufen schnellsten Weech! Nee, nich ganz. Ein kleinen Umweech muss sein! Wat? Verstehsse nich? Klaa, kann ich dat verstehn, dat du nache Maloche am letzten Tach inne Woche nur noch nach Hause willz und von den ganzen Brassel mitten Chef und mitti Kundschaft nix mehr wissen willz. Hass ja recht, geht mich genauso. Aber son klein Umweech lässt machma Träume aufkommen, dat glaubsse gaa nich. So von wegen nie widder Sklavendienst immer genuch Knete und Urlaub ohne Ende, bis der Dokter kommt oder du nach dreißich Jahre Dauerurlaub dann inne Kiste liechss. Gezz ma echt: Wär dat nix? Bloß, mit ehrliche Arbeit mit deine Hände hasse keine Chance ma da hinzukommen, weisse?! Da sorgen schon die oberen Zehntausend, die Eliten ausse Politik und Wirtschaft, dafür, dat die anne Spitze von unsere Gesellschaft toffte unter sich bleiben. Also hasse eigntlich nur eine Möglichkeit, mit ne Chance von eins zu fuffzehn Millionen, nach da oben hinzukommen und dat ganze verlogene Gesocks ma so richtich aufzumischen.

Ich glaub gezz verstehsse auch, wat fürn klein Umweech am Freitachmittach ich mein. Genau, den Gang zur Lottobude. Sechs Felder ma sechs Kreuzkes, Kreuzken bei Spiel 77 und Super 6. 10,50 € aufen Tisch und Spielquittung eingesteckt. So, und dann träumsse schon dat erste Ma für son paa Augenblicke, wie dat wohl wär, wenne am Samstachabend beie Lottoziehung den dicken Hund holen tus.

Wenne dann nach Hause kommss, is dat ja ers ma vorbei. Dann tuusse ers ma Mittach essen, machss Mittachsschläfken, diskutierss vielleicht noch mit deine bessere Hälfte, ob dat gezz umbedingt sein muss, dat du dich für Tante Bertas neunzichsten Geburtstach am Samstach mit Anzuch und Schlips verkleiden muss, und wenne Glück hass, kommsse auch noch für zwei Stunden im Garten, wo der Rasen schon widder so hoch steht, dat du mitte Maschine kaum noch durchkommss. Hömma, und dann kommt der Gedanke widder: Samstachabend, sechs Richtige, Superzahl, Jackpot geknackt. Kannze dich endlich en Gärtner leisten und für deine bessere Hälfte ne Putzfrau ... äh ... Raumkosmetikerin oder wie man sonz noch dafür sacht.

Und dann wirsse von dein Herzken ganz brutal widder aussen Traum rausgerissen: „Günner, wenne draußen fertich biss, musse nomma eben inne Küche nachen Abfluss kucken! Der is schon widder verstoppt!" Hömma, hatse da gerade ma eben gesacht? Ich seh dat schon kommen, dat wird widder ne Großaktion, wie immer, wennse ma eben sacht. Kommt jedenfalls keine Langeweile auf, und wenne gezz den dicken Hund im Lotto hättz, könnze endlich ma den GWS-Mann – weisse, Gas-Wasser-Scheiße – bestellen, der dich den Abfluss ma komplett neu machen könnte, damitte füre nächsten fuffzich Jahre Ruhe hass.

Nee du, da meinte doch letztens mein Chef für mich, wat ich denn mitte Millionen aussen Lotto übberhaupt anfangen wollte, dat wär doch son Haufen Penunsen, da sollte dochen kleinen Malocher wie ich völlig übberfordert mit sein. Ich sach für ihm nur: „Hömma Chef, wat weisse denn schon vonnen kleinen Mann? Kumma, die Knete gut anlegen, jeden Monat en festet Gehalt aufen Konto, so als Sofortrente, weisse, und dann endlich l e b e n! Und du müsstess dich en andern Sklave suchen, der für dich die Drecksarbeit macht. Und wenne dat richtich machss, so mit dat Anlegen aufe Bank, reicht die Million aus, bisse inne Kiste liechss, und füre Blagen bleibt hinterher immer noch genuch übrich." Hömma, der Döskopp hat en paa Tage kein Wort mit mich gesprochen.

So, jedenfalls hasse den Samstach auch einigermaßen rumgekricht, obwohl den neunzichsten Geburtstach von unser Tante Berta hätt ich mir auch schenken können, weisse?! Die ganze puckelige Verwandtschaft am Essen und am Trinken für lau, jede Menge schlaue Reden und den ganzen Klatsch und

Tratsch ausse Familie und ausse Nachbarschaft. Und mittendrin unser Tante Berta – nix am Mitkriegen, von wegen ihrn Alzheimer. Wat glaubsse, wat ich froh waa, wie ich da widder raus waa.

So, gezz noch ne Stunde bis zur Lottoziehung im Fernsehn. Also ma so durchkucken, wat da sonz noch so inne Glotze läuft. Also im Ersten Volksmucke mit diesen Florian Goldblech ... äh ... oder Silbereisen oder wie der heißt. Aufen Zweiten Sportstudio, aber Bundesliga schon vorbei, gezz waa da nur noch Dressurreiten – hömma, Langeweile pur. Im Dritten irgnsne Schmachtschnulze und inne andern Öffentlich-Rechtlichen irgnswelchen Kulturkram, der die Welt nich interessiern tut. Und inne Privaten kannze sowieso nich kucken, da gibet nur Mord und Totschlach und dazwischen jede Menge Werbung. Jau, und dann hat im Ersten der Silberkopp auch noch ne viertel Stunde übberzogen. Waa also schon fast halb zwölf, bis endlich dat lecker Herzken, unser Franziska, mitte Lottoziehung kam.

Bor ey, die erste Zahl sofort en Treffer, die zweite auch, ehrlich, die Pumpe ging schon en bissken schneller, und dann kam ... nix mehr! Alle andern Zahlen einen links oder rechts daneben. Und wenn allet vorbei is, kommsse ganz schnell zu die Erkenntnis: Weisse wat, Günner, gehsse eben noch ne Woche arbeiten. Dat schöne anne Lottoziehung is sowieso mehr der Nervenkitzel, wenn die Kugeln fallen. Und gezz ma ganz ehrlich, wenne ma drei Richtige hass, dann freusse dich auch schon en bissken. Reicht immerhin meistens fürn nächsten Lottoschein. Also nächsten Freitach nachen Feierabend aufen Weech nach Hause widder datselbe. Anne Lottobude vorbei, Kreuzkes machen und die Zeit bis zur Lottoziehung am Samstach rumkriegen.

Gezz hamse ja dat ganze Lottospiel so richtich umgekrempelt: Schon bei zwei Richtige krisse gezz fümf Öcken, wenne dabei noch die Superzahl richtich hass. Is ja nich verkehrt. Aber dat se nu die Lottofee, diese Franziska Reichenhall, dat lecker Herzken aussen Verkehr gezogen ham, hömma, dat kann ich ja so gaa nich ab. Nee ehrlich, gezz kuck ich die Lottozahlen lieber Sonntachmittach im Internet nach.

Glückauf!

Falsche Dokters

Bor ey, wat is dat Leben heute doch bequem geworden. Nee, gezz nich für uns kleine Malocher, wennet ummen Job geht. Da hasse eher dat Gefühl, dat allet immer komplizierter wird und immer schneller gehn soll. Hömma, da gehn die Chefs da oben einfach davon aus, dat alle inne Firma noch zwanzich sind und nich der eine oder andere vielleicht fast dreima zwanzich. Hömma, is doch kein Wunder, dat du in meine Altersklasse immer mehr am Nachdenken biss, wie du am schnellsten anne Rente kommss. Und dann gehn diese Hahnepampels ausse Politik hin und tun dich auch noch dieset Ziel verbauen: Rente mit siebensechzich - malochen bisse vom Schreibtisch inne Kiste fällz. Jau, so kann man die Rentenkassen auch saniern. Aber da wollt ich eigntlich gaa nich hin. Wat wollt ich denn gezz sagen? Ach so, jau!

Kannze dich eigntlich noch so an deine Schulzeit erinnern? Nee, also gezz nich anne ollen Paukers, die noch vorn Kriech die Rohrstock-Pädagogik studiert ham. Für mich waa dat immer en Albtraum, wennet hieß: Aufsatz schreiben zu ein vorgegebenet Thema. So irgnswat übber Goethe, Lessing oder Schiller oder ne wissenschaftliche Abhandlung übber die Wachstumsgeräusche vonnen englischen Rasen, wie sich die Igel paan oder irgnswelchen andern Scheiß, den die Welt nich braucht.

Wat machsse gezz, wenne auf einma sonne Aufgabe vor dich hass und dich absolut nix einfällt, weil du noch nie wat davon gehört hass? Nächstet Ma im Unterricht besser aufpassen is ja vielleicht ne toffte Idee - für dat nächste Ma - aber dat hilft dich gezz in diese Situation auch nich wirklich weiter. Gut, wie dat mitti Igel ihrn Sex geht, kannze in zwei Worte zusammenfassen: ganz vorsichtich! Hasse allet mit gesacht, und dann frachsse dich, wat fürn Intellenzbolzen auf die Idee gekommen is, dadrübber ne Abhandlung von mindestens zwanzich

Seiten zu verlangen. Aber nu waa die Aufgabe da, also blieb dich nix anderet übrich, wie Bücher zu wälzen. Also inne puckelige Verwandtschaft rumgehört, wer da wohl die passende Literatur parat ham könnte. Meistens waa dat Fehlanzeige. Also bisse inne städtische Bücherei gelatscht und hass auch schomma wat Passendet gefunden. Jau, und dann hasse dich hingesetzt und abgepinnt und fertich. Fürne Drei waat immer noch gut genuch.

Echt gezz, irgnswie kam dat mit dat Internet und dieset Wikingerpedia dreißich Jahre zu spät. Wie, verstehsse nich? Also ehrlich, ich hab dat früher auch nich verstanden. Bis zu die Zeit, wie unsere Jungens so inne dritte Klasse aufen Gumminasium waan. Da wurde vonne Schule auf einma verlangt, dat die Blagen Zugang nachem Internet ham. Blieb mich also nix anderet übrich, wie auch so wat anzuschaffen. Also Anschluss beie Telebimm bestellt und Computer gekauft. Jau, und für mich waa dat dann dat Ende vonnet Latein.

Gezz hattenwer ja en paa Nachbarn, die schon bissken länger Internet hatten. Die ihre Blagen ham dat dann hingekricht, dat dat auch bei uns am Laufen kam. Und wie ich dat dann so mitgekricht hab, wie die Blagen ihre wissenschaftlichen Aufsätze von zwanzich Seiten inne halbe Stunde hingekricht ham, wo wir in unsere Schulzeit mindestens ne Woche zugange waan, glaub mich dat, ich hätte dat manchmal auch gerne in meine Schulzeit gehabt.

Einma hab ich mitgekricht, wie mein Ältesten en Aufsatz üb ber dat Leben vonnen ollen Schiller schreiben sollte. Hömma, der schmeißt den Computer an, hackt sich in dieset Wikingerpedia Dingens ein, macht en bissken mitte Maus rum, baut en paa Sätze um und tauscht en paa Wörter aus, druckt dat Ganze aus und fertich – inne halbe Stunde. Ehrlich, und der Pauker hat dat nich gemerkt. Und ich hab mich danach gefracht, wieso ich für die Blagen dreitausend Mücken für vierzich Bücher Bettelmann-Lexikothek gelatzt hab. Gezz stehn die Bücher im Wohnzimmer im Bücherregal. Macht zwaa vonne Optik noch gut wat her, aber reingekuckt hat da schon seit Jahre keiner mehr und meine bessere Hälfte is immer sauer, wennse jedet Ma bein Frühjahrsputz die schwern Schinken ers raus und dann widder einräumen muss. Hab letztens ma versucht, die ganze Lexikothek bei Ebay zu verticken. Kannze vergessen. Krisse, wenne Glück hass, vielleicht noch fuffzich Taler für. Also enden die Büchers irgnswann ma im Altpapier.

Jau, und vorn paa Jahre is dann rausgekommen, dat son paa Hampels ausse Politik ihre ganze Karriere mit so wat aufgebaut ham. Alle voran son Strahlemann namens von und zu Gurkenberg, hömma, den hamse nachgewiesen, dat der seine ganze Dokterarbeit aussen Internet abgepinnt hat. Wahrscheinlich waa der zu doof im Kopp, um selbss sonne Arbeit zu schreiben und zu geizich, sich für fuffzichtausend Öcken in Ungarn en Gulasch-Dokter zu kaufen. Und wenne inne Politik ganz nach oben willz, musse nu ma Dokter sein. Besser noch Professor, dann denkt jeder, du wärss nochen bissken schlauer inne Birne. Is ja im Anfang auch gut gegangen mit den Gurkenberg, hat ihm ja die ersten Jahre jeder abgenommen, den Dokter, sogaa die Merkel is dadrauf reingefallen. Bis dann ma einer, der wirklich Ahnung hatte, den Gurkenberg seine Dokterarbeit ma so richtich aussenander gepflückt hat. Jau und dat waa dann dat Ende von den Strahlemann. Und nich nur von den. Weil, danach ham schlaue Leute auch die andern von unsere Volksvertreters ma so richtich unter die Lupe genommen und dabei sind dann noch son paa aufgeflogen, bis rauf inne Spitze von dieset Europa-Kommissariat. Soll ich dich ma wat sagen? Mittlerweile hab ich vor sonne Krakusen so gaa keine Achtung mehr.

Also mein Hausarzt, den Dokter Napieralla, den glaub ich den Dokter noch, weil der is nich mehr der Jüngste und wie der seine Dokterarbeit geschrieben hat, gabet noch kein Internet. Vielleicht solltense ja ma die Merkel ihre Dokterarbeit durchkucken. Obwohl, die is ja ausse DDR und der Vatta waa ja bekannterweise Pastor, also Staatsfeind. Also hatten die Kasners damals kein Internet. Weil, erstens gabet dat inne DDR damals nich und wenn doch wären die Kasners als Staatsfeinde da gaa nich drangekommen. Also muss die Merkel ihrn Dokter wohl echt sein!

Und unsern Bundespräsident, der Joachim Gauck, is ja auch en Ossi, also wenn der Dokter is, dann muss dat wohl auch echt sein, weil der hat ja DDR-Staatsfeind – also Pastor – gelernt. Und da isser wohl auch nich am Internet drangekommen. Aber is der übberhaupt Dokter? Hat wohl noch keiner nach gefracht und er selber hat nie wat dazu gesacht. Hömma, dat nenn ich ehrlich. Von die Sorte brauchenwer en paa mehr in unsere Staatsführung. Ehrlich!

Glückauf!

Tabaksteuer

So ... Feierabend! Schicht am Schacht! Gezz ers ma en Pilsken und ne Kippe. Hömma, du glaubss gaa nich, wat dat gut tut. Fürn paa Minuten ma so richtich abschalten, an nix denken und einfach nur den Anblick vonne Wölkskes genießen und die Fantasie freien Lauf lassen, wat die Wölkskes inne Luft so allet für Formen annehmen tun. Is doch wat Schönet.

Samma, wat kucksse mich gezz so an? Als ob du sagen willz: „Alter, Rauchen is ungesund!" Gut, hass ja vielleicht gaa nich so unrecht. Aber gezz ma ganz ehrlich: Maloche is auch nich gerade gesund, besonders, wenne zuviel davon hass. Und Sport? Is auch schon mancher bein Joggen mitten Herzklabaster umgekippt und ab mitten Notarzt und Blaulicht im Krankenhaus und von da aus sofort ab inne Kiste. Hasse nich vorn paa Jahre noch selber gequarzt wie son Schlot? Glaubsse, ich kann mich da noch genau dran erinnern, dat man in deine Bude aufen halben Meter nix mehr erkennen konnte vor lauter Qualm. Nee du, geh mich wech, so langsam artet dat schon inne echte Diskriminierung aus, wat man uns Rauchers da vonne Politik allet zumuten tut.

Gut, dat man inne öffentliche Verwaltungen nich mehr rauchen darf, kann ich ja verstehen, wenn da son kettenrauchender Beamter und en nichtrauchender Angestellter in ein Büro zusammenhocken, muss ebend einer rausgehn, wenner sein Nikotinspiegel aufen Level halten will. Da fällt mich mein Vetter, der Otto Korsinetzky ein, hab ich ja anne andere Stelle schomma von erzählt, der malocht ja auch in sonne Amtsstube. Hömma, der hat sich dat Rauchen ganz abgewöhnt, weiler zu faul waa, ma sein Hinterteil zu erheben und vorre Tür zu gehn. Gezz hatter gaa kein Laster mehr, weil Pilsken und ma en Kurzen hatter noch nie wat für übrich gehabt. Ehrlich, wat ne arme Socke ...

Dat man im Bus und inne Straßenbahn nich rauchen darf, is

auch noch klaa, man muss die Blagen dat ja nich noch vormachen. Aber beie Bahn … Hömma, da versteh ich dat ja nu gaa nich. Früher gabet in jeden Zuch en Raucherabteil, zumindest inne Fernzüge. Kumma, von Hamburch nach Bayern acht Stunden im Zuch und dat, ohne ma eine zu qualmen, dat ging doch gaa nich. Heute gibet höchstens noch aufen großen Bahnhof ne Raucherecke. Aufe kleinen Stationen nich, da is übberall Rauchverbot, und wenne dich die Bahnsteige ankuckss oder ma dein Blick übber die Gleise schweifen lässt, dann weisse, wat dat Rauchverbot bringt … nämlich nix!

Aber wat die Politikers gezz schon die ganze Zeit am Palavern sind, dat Rauchen auch inne Kneipe zu verbieten, so von wegen die Mitarbeiter zu schützen, da kannze nur noch eins für sagen: Die ham wohl nich mehr alle Tassen im Schapp. Ich denk da nur an unsere Stammkneipe bein Stratmanns Jupp, weisse, der Jupp is sich selbss sein einzigen Mitarbeiter und raucht auch schomma eine mit und gezz soller dat in seine eigene vier Wände nich mehr dürfen? Und wenner doch … will dat Ordnungsamt ihm dann seine Kneipe dichtmachen? Nee, geh mich wech.

Gut, mitte Kumpels kannze die gelegentlichen Treffs ja privat organisiern. Zu Hause in Wohnzimmer oder im Sommer aufe Terrasse, Kiste Bier dabei und wat Hochprozentiget, is auch billiger wie bein Jupp und kannz perzen, bis der Arzt kommt. Bloß hasse dann kein frischgezapftet. Aber nache neueste Rechtsverdreherei musse dabei auch schon vorsichtig sein. Wieso?, frachsse dich gezz. Hömma, du glaubsset nich, aber da hat doch letztens son bekloppten Vermieter einen Rentner nach übber vierzich Jahre die Wohnung gekündigt, weiler schomma en bissken mehr quarzt und sich die andern Mieter angeblich von den Qualm belästigt gefühlt ham solln. Klaa, dat der Rentner sich dat nich gefallen lassen hat. Und wie dat dann nachem Gericht ging, hömma, dat waa jawohl die Krönung vonne Rechtsverdreherei. Hat der Rentner doch tatsächlich verlorn! Hatter sich aber nich gefallen lassen und is dann ein Gericht höher gegangen. Ma kucken, wat dabei rauskommt. Nee, also meine Fresse, darfsse bald inne eigene Bude nich mehr qualmen. Armet Deutschland!

Jau, und dann fällt mich unsern Bundesfinanzministrant ein. Hömma, der is doch immer am Rumjanken, dat der Staat wohl irgnswie mehr Knete brauch. Wenne gezz ma übberleechss, dat von die fümf Piepen, die du fürne Packung Kippen latzen tus, schon drei Eulen inne Staatskasse wandern, hömma, dat wärn doch Milliarden, die den Staat an Tabaksteuer durche Lappen gehn, wenn auf einma alle Rauchers auf einen Schlach aufhören. Zahlen doch alle keine Tabaksteuer mehr. Gut, is dann vielleicht ne legale Form von Steuerhinterziehung. Und wenn ich mich die Sprüche aufe Packungen bekuck, ehrlich, glaubt da eigntlich ernsthaft einer dran, dat die einen am Rauchen hindern tun? Rauchen verkürzt dat Leben! Also, wenn ich mich den Jopi Heesters bekuck oder unsern Altkanzler Schmidt ... Ne du, wenn unsern Finanzheini mehr Steuern kassiern will, sollter doch besser ma en paa andere Sprüche aufe Kippenpackungen drucken lassen. Ich denk da an so wat wie: Nichtrauchen führt zu eine erhebliche Minderung vonne Steuereinnahme und fücht den Bundesfinanzminister erheblichen Schaden zu!
Dat isset!

Glückauf!

Deutsche Post
BÜCHERSENDUNG
AGENT
007
VK
2013
VK
2013

Postservice

Hömma, kennz dat ja: neuet Jahr neue Sitten, ne? Gut, dat du bein Doc gezz keine zehn Öcken mehr abdrücken muss, is ja schomma wat. Aber wat du da am Sparn biss, dat leiernse dich anne andere Stelle widder aussen Kreuz. Strompreise, Pflegeversicherung, und wat weiß ich nich noch allet. Wat glaubsse, wat ich die ganzen Jahre immer froh waa, dat et zumindest doch noch wat gab, wat nie teurer wurde. Wie, verstehsse nich? Übberleech domma: Ne 55-Cent-Briefmarke hat schon immer 55 Cent gekostet. Oder hamse dich schomma auf irgnsne Post sechzich dafür abgeknöppt? Siehsse?

Kumma, wenne domma öfters wat für zum Verschicken hass, kannze dich ja ausrechnen, wie viel Asche du gespart hass, weil dat Porto schon seit ne Ewigkeit immer datselbe gekostet hat. So, gezz stand dat ja schon ne ganze Zeit vorher in unsere Lokalzeitung – jau Paul, auch inne Bild Zeitung – dat dat Porto zum Ersten vonnet neue Jahr en bissken teurer werden sollte. Ich hab dat trotzdem irgnswie verpennt. Weil, wie ich so zwischen die Feiertage ma zusammengekröst hatte, wat ers nach Weihnachten zum Verschicken waa, is mich doch glatt Silvester durche Lappen gegangen. Dat heißt, wie ich meine ganzen Briefe und Päckskes fertich hatte, waa et nach Mittach und die Post hatte dicht. Mist! Musse halt im sauern Appel beißen und im neuen Jahr für dat ganze Sammelsurium en Euro mehr latzen.

Jau, ich also gleich am ersten Arbeitstach innet neue Jahr ab nache Post mitti gesammelten Werke. So, gezz musse aber nich glauben, dat da, wo Post anne Bude draufsteht, auch Post drin is, weisse, so mit Beamte und so. Nee, dat is auch bei uns gezz mehr sonne Lottobude. Postagentur, weisse, wo du auch die Bild Zeitung und die Frau hintern Spiegel kaufen und Tabaksteuer abdrücken kannz. Dat Einzige, wat noch an Post erinnert, is dat Arbeitstempo vonne Mitarbeiters. So wie früher beie Postbeamten. Die konnze auch bein Laufen die Schuhe besohlen, son Tempo hatten die drauf.

Ich komm also innen Laden rein oder eher nich, weil, die Schlange anne Posttheke stand fast bis anne Straße und ich denk, allet klaa Günner, biss jung, hass Zeit. Nach ne Viertelstunde waa ich dann immerhin soweit, dat ich denn den Postminister beie Arbeit zukucken konnte und stell dann fest, dat dat en ollen Kumpel aus mein früheret Leben waa. Der Pedder Schrammek, der nache Schule inne Seltersbude von seine Omma Kaufmann gelernt und die dann später übbernommen und vor zwei Jahre anne Wand gefahrn hat – Pleite – weisse?! Und irgnswie hat der dat geschafft, den Postdienst für unsere Kleinstadt als freien Agent inne Räume von dat frühere Postamt zu übbernehmen. Na ja, so nach seine Arbeitsweise zu urteilen, muss der wohl en richtigen Intensivkurs übber die Dienstleistungen vonne Post gekricht ham. Dat Arbeitstempo passte jedenfalls und aufe Computertasten dat System nach Kolumbus. Kennze nich? Jeder Buchstabe ne neue Entdeckung! Hömma, so krisse die Schlange anne Posttheke jedenfalls nich zügich bedient. Noch ne Viertelstunde später stand ich dann endlich vorn Pedder.

„Tach Günner", sachter für mich, „wie isset ?"
„Jau", sach ich, „wie sollet sein. Vom Rumknöttern wirdet auch nich besser. Hömma, ich hab da jede Menge Klamotten für zum Verschicken. Tu mich schomma zehn Marken zu achtenfuffzich, die kleb ich selbss. Den Rest musse ma kucken, wat da drauf kommt. Samma, hasse eigntlich ne neue Liste mitti aktuelle Gebühren?"
Der Pedder kuckt mich an und meinte so wat wie: „Nee, also vonne Liste hamwer nur son paa Stück gekricht, die waan schon nach kurze Zeit wech. Aber et hat sich ja ausser dat normale Briefporto nix geändert."
„Nee?", frach ich ne, „und wat is mit Maxibriefe, Büchersendung und Ausland? Hab ich nämlich auch en paa Sachen von zum Verschicken."
„Jau, also ... äh ... nee, dat weiß ich gezz auch nich so genau,

Günner, aber so wat kommt ja auch nich alle Tage vor, weisse?"
„Echt toffte, Pedder. Hömma, ich hab hier fümf große Briefe und ein für nach Frankreich. Und in ein issen Buch drin. Wat soll ich da denn gezz draufmachen? Pass ma auf, ich tu dich die gezz hierhin und du nimmss die an und machss Porto drauf und dann is klaa." Und ich lech ne die Brocken direkt vor seine Nase aufe Theke. Den Pedder sein Blick hättze gezz ma sehn müssen, so richtich wie son ollen Postbeamten, nur nochen bissken ratloser.
„Samma Günner, äh ... kannze dat nich nächste Woche verschicken? Da hab ich widder ne Gebührenliste."
„Nee Pedder, dann isset zu spät. Also mach hinne!"

Jau, gezz musste sich Post-Pedder echt wat einfallen lassen. Aber wat en echten Agent is, wenn auch nur Postagent, der gibt ja nich auf. Also irgnswie is er dann wohl drauf gekommen, ma in sein Computer nachzukucken. Hat zwaa en bisken gedauert, aber zum Schluss hatter auf allet wohl dat richtige Porto draufgeklebt. Hömma, fast fuffzehn Öcken musst ich blechen. Und wie ich fertich waa, meinte er noch, mir en guten Rat mit aufem Weech geben zu müssen.
„Günner, notfalls kuck einfach im Internet aufe Seite vonne Post."
Hömma, gezz ma ganz ehrlich: Wieso bin ich da eigntlich nich von selbss drauf gekommen?

Glückauf!

VK 2012

Morgens Fango, abends Tango?

Jau, gezz denksse bestimmt: Kur, dat isset! Ma son paa Wochen wech von zu Hause, wat anderet sehn, nix am Hut mitte Maloche, toffte Leute kennenlernen, Kurschatten und relaxen und abschalten und sich von vorne bis hinten bedienen lassen, bis der Arzt kommt. Und allet vonne Sozialversicherung gelatzt.

Gut, hass ja dat ganze Leben lang eingezahlt und muss auch en bissken wat dabeizahlen. Aber wenne ma so richtich rechnen tus: Urlaub inne Wellnessoase inne Berge is ne ganze Ecke teurer. Ehrlich, hab ich auch gedacht, wie ich letztet Jahr ma beie Rentenversicherung son Antrach gestellt hab. Hat dann en halbet Jahr gedauert, bis dann der Urlaubsschein vonne Rentenkasse kam. Drei Wochen innen Schloss anne Ostsee, Anreise mitte Bahn inklusive Koffertransport für lau, hömma, wat willze mehr? Und glaub mich dat, wennet mitte Bahn ma funktioniert, dann sind fümf Stunden im Zuch immer noch angenehmer wie zwei Stunden innen Flieger. Kannz ma en bissken ratzen, auf und ab gehn, lernz Leute kennen und zwischendurch kannze auch ma en Häppken essen oder en Pilsken trinken. Ehrlich, wie ich mittachs in dat Schloss ankam, waa ich schon so richtich locker drauf. Und obwohl nochen Dutzend andere Patienten mit mich zusammen ankamen, klappte der ganze Papierkram wie am Schnürchen. Und dat Mittachessen danach, hömma, im Hilton gibet auch nix Besseret, glaub mich dat.

Nachen Essen waa dann Zimmer bekucken angesacht, Koffer hatte der Hoteldiener schon raufgeschleppt. Konnze auch nix sagen. Fernseh, Telefon, Kühlschrank, damitte auch ma en Pilsken kaltstellen kannz, bequemet Bett, Balkon mit Blick aufe Ostsee, hömma, allet wat du brauchss, damit dich dat in die drei Wochen gut geht. Nee also, mein ersten Gedanke nachen Koffer auspacken waa, hier kannzet wohl aushalten. Gut, Mittachsschläfken waa den Tach nich, weil nachen Koffer

auspacken musst ich sofort nachem Doktor – nachem Orthopäde, weil ich waa ja wegen Rücken hier, weisse?! Jau, und der hat mich dann vom Kopp bis anne Quanten bekuckt und ausgemessen und gefracht, wo mich dat übberall am Zwicken und am Drücken tut. Ich musst mich bücken und Knie beugen, husten, Luft anhalten, hömma, dat volle Programm. Ich glaub, wenn mein Dokter zu Hause ma so gründlich wär ... Aber wat willze vom Hausarzt erwarten, wenne Kasse biss? Und zum Schluss frachter mich nach S P O R T!
Ich sach: „Jau, regelmäßich Fußball, ne? Jedet Wochenende Bundesliga im Fernseh, dabei en paa Pilskes stemmen, is ja schomma wat. Und wenn nich Fußball, dann Rad fahrn, aber nich Tour de Franz inne Glotze, sondern mehr mit dat eigene Fahrrad, ausser wenn Großeinkauf nötich is. Also da kommen schon etliche Kilometers zusammen."

Na jedenfalls waa der Dokter wohl der Meinung, mich im Rahmen vonne Reha dann domma mitten paa andere Sportarten bekannt zu machen. Erzählt wat von Wassergumminastik, Krankengumminastik inne Gruppe und alleine, Fahrradtraining, Laufband, Mucki-Aufbautraining ... Hömma, mich wurde schon ganz schwindelich von so viel Sport. Jau, und wie ich ne dann ma so nach Fango frach oder wat anderet Entspannendet und Beruhigendet, da sacht der nur wat von Fango und Massage wär nich, würde keine Kasse mehr latzen und abends Tango wär hier in dat Schloss auch nich so angesacht, wärn ja ne ganze Menge jüngere Patienten hier, die könnte man mit Tango und so wat nich mehr vom Hocker reißen. Also er könnte mich noch Muskelentspannung anbieten und wat mit Strom im Rücken und ... Rotlicht! Nee, nich wat du gezz denkss, mit spärlich angezogene Herzkes und Ringelpietz mit anpacken und so. Eher ne Viertelstunde mitten Rücken anne rote Lampe sitzen, und die Herzkes waan sowieso alle eher son bissken älter und en bissken kräftiger gebaut, dat du ja nich auf krumme Gedanken kommss. Den Therapieplan würd ich den nächsten Morgen kriegen und dann sollt ich einfach ma kucken, dat wär schon allet zu schaffen.

So hömma, gezz waa ich mittlerweile schon fümf Stunden hier und so langsam kricht ich doch son bissken Schmacht nach ne Kippe. Nee, also viel quarzen tu ich ja eh nich, aber ab und an ma eine, weisse, so für Entspannung, dat muss sein. So, und gezz waa einfach die Zeit, ma eine zu rauchen. Also ers ma anne Rezeption gefracht und die Perle sachte nur, den Haupteingang raus, geradeaus inne Holzhütte, immer den Mief nach, nich zu verfehlen, da wär dat Raucherkabinett. Hömma, dat waa einfach. Ich hatte kaum die erste Kippe an, da hatt ich schon die ersten Bekanntschaften. Aber weisse, Rauchen und Kommunikation, dat gehörte schon immer zusammen. Wir Raucher halten ja schon immer zusammen und gezz umso mehr, wo uns die Politik unser Hobby immer mehr am Vermiesen is. Nee, geh mich wech! Wär der olle Helmut Schmidt noch Kanzler, dann wärn für uns Raucher jedenfalls bessere Zeiten.

Nee du, vor lauter quatschen und quarzen hab ich fast die Zeit vergessen und ers wie dann son Gefühl vonne gewisse Leere im Magen aufkam, wurd mich dat bewusst, dat gezz eigntlich Zeit für zum Spachteln waa – Abendbrot. Dat waa dann auch der letzte Drücker, wie ich mitti Mitrauchers am Büfett ankam. Schon halb leer geräumt, aber man konnte noch son letzten Eindruck davon kriegen, dat da im Anfang wohl mehr wie genuch für alle da waa. Gut, nächstet Ma siehsse zu, dat du eher anne Krippe kommss.

Jau, und nachen Essen waa dann freien Abend. Zeit, fürn bissken quasseln und en Pilsken trinken mitti ersten neuen Bekanntschaften. Wurde zwaa vonne Klinik aus auch wat angeboten, irgnswie son Bildervortrach übber Kneippkuren, aber dat wollte sich wohl keiner antun, weisse, hat auch nix mit Kneipe zu tun. Also: nich interessant! Der Saal soll wohl den Abend auch ziemlich leer gewesen sein. Dafür waa et ziemlich spät, wie ich inne Falle kam. Aber wat sollet, Frühstück gabet um acht, also kannze ja bis halb acht ratzen, dann brausen, fertich machen und biss püntlich um acht anne Krippe. Ja Pustekuchen. Hömma, 4:30 Uhr werd ich wach, ein Krach und ein Gekrächze von draußen, dat ich denk, wat is dat denn? Wer hört denn mitten inne Nacht sonne olle Technomucke? Oder wohnt der Dieter Bohlen inne Nachbarschaft und versucht zu singen? Oder wat is Ambach? Und ich steh auf, kuck aussen Fenster ... bor glaubsse ey, hömma, wie bein ollen Hitchcock. Tausende Krähen inne und umme Bäume am Flattern und ein Rabbatz am Machen, dat ein fast die Ohrn abfallen. Jau, denk ich, dat waa et dann mit pennen. Aber wat sollet, musse mit leben, is Natur. Und jeden Tach werden die jawohl nich so rumkakelen. Notfalls besorchsse dich ne Ladung Orropax, dann geht dat schon. Obwohl, Fenster zugemacht und dann ging dat auch mit weiterpoofen.

Den nächsten Morgen nachen Frühstück krich ich dann mein Therapieplan. Hömma, ich hatte auf einma son Kamm. Jeden Tach Wassergumminastik, Krankengumminastik, Ergodingenstraining, Muckitraining, Laufband laufen, Walking, einma inne Woche Rotlicht, Strom im Kreuz, Entspannungsbad, irgnswat mit programmierte Muskelverspannung oder so, ab und an en Gesundheitsvortrach. Weisse, wo dich son Dokter dat Rauchen, dat lecker Essen und dat Pilsken vermiesen tut und Sport als Lebensinhalt verkaufen will. Und für jeden Abend dann zusätzlich noch freiwillige Sporttherapie. Freiwillich? Gleich bein ersten Ma krichte ich gesacht, so dreima inne Woche sollte man da schon hingehn, sonz würde dat den Eindruck machen, man hätte kein Interesse an seine Gesundheit. Nee, geh mich wech. Weisse wat, so viel Sport hab ich in mein ganzet langet Leben noch nich gemacht und werd ich auch nie widder machen.

Nach drei Tage hab ich dann Kreislauf gekricht oder eher so dat Gefühl, dat irgnswie mit mein Blutdruck wat nich richtich is, weisse, so ab und an ma en bissken matschich inne Birne und total aufgedreht. Also ab nachem Dokter, Bescheid sagen und wie der mit sein Messgerät probiert, machter auf einma son komischet Gesicht und sacht dann: „Ja Herr Mambrallek,

Ihr Blutdruck ist ja reichlich erhöht. Haben Sie da schon länger Probleme mit?"
„Nee", sach ich, „eigntlich nich, aber bei so viel Sport is dat ja kein Wunder, dat dat aufen Kreislauf geht! Also en bissken weniger Sport und en bissken mehr Entspannung und Wellness wär wohl schon dat Richtige."
Dat hat der Doktor aber nu ganz anders gesehn und die Belastungsgrenzen bei den ganzen Sport runtergesetzt und mich zu dreima am Tach Blutdruck messen verdonnert – dat waa et. Davon ging der Blutdruck jedenfalls auch nich aufet Normale runter. Ausser am Wochenende. Klaa, gab ja auch kein Sport! Hasse denn domma en bissken Gelegenheit gehabt, dic Ostsee anzukucken oder die Umgebung. Da waa dann auch von irgnd son Landarzt aussen Fernseh die Rede, der wohl hier inne Gegend mitten Kamerateam öfters sein Unwesen treiben tät. Aber weisse wat, hab ich inne Glotze nie gesehn, müsst ich höchstens ma meine Schwiegerolle fragen, die kuckt sich ja so wat immer an.

Jau, und alleine bleibsse in sonne Reha sowieso nich lange. Ein Abend hatte einer ne Quetschkommode dabei und fing so olle Schlagers ausse Fuffziger am Spielen und am Singen an. Und et dauerte nich lange, da saß en anderer an dat Klavier, wat im Leseraum stand und nochen anderer hatte auf einma ne Klampfe dabei und irgnswie tauchte nochen Dudelsack auf, en paa Mädels fingen am Singen an, aber so toffte, dat du gedacht hass, dat sind Profis. Hömma, da waa Stimmung wie Karneval, Pilskes waan auch genuch da und der Abend ging bis inne Puppen.

An den Tanzabend am Samstach mit son Computerbedienmusiker waa et ziemlich leer, weilwer mitti gleichen Leute dat spontane Unplugged-Singen und Spielen wiederholt ham und die meisten Patienten dann bei uns mitgemacht ham. Und bei den Fußballabend annen Mittwoch – et spielte Schalke gegen Dingenskirchen fanden sich dann en paa Kumpels aus meine Heimat und auch en paa andere zusammen, um für unsere blau-weißen Knappen die Daumen zu drücken. Jau, und damit stand dann fest, mit wen ich so den Rest vonne Reha die Freizeit verbringen tu.

Hömma, wat kucksse mich gezz so an? Ach ja, ich weiß schon, du wartess aufen Kurschatten, ne? Nee also, ich sach dich dat wie et waa. Nix waa! Weisse, die Mädels in unsere Runde waan alle schwer in Ordnung, da fängsse nich son Ringelpietz an. Die hatten mit ihre kaputte Gesundheit schon genuch am Knacken und da hamwer alle zugesehn, dat da mehr son bisken Freundschaft waa. Na ja, bis auf sonne Tussi, die wohl irgnswie en bissken komisch inne Rübe waa. Jeden Abend machtese sich annen andern Kumpel ran und jedet Ma ginget für se voll inne Buxe. Hieß wohl Marina oder Marion oder so wat, waa wenichstens sechzich, lief abends immer mitten Minirock rum, wo du wohl eher breiten Gürtel für sagen konnz, Dekolleté bis am Bauchnabel, knallrote Haare, ne Brille wie Hebbert Knebel und ne Figur und ne Hackfresse wie die Merkel. Gestunken hatse wie die Mädels in Bochum aufen Eierberch. Und verstehn konnze die auch nich. Ich sach dich, Bayerisch und Sächsisch is ja schon schlimm, aber die hat ein Hessisch draufgehabt, hömma, da hasse nur noch Bahnhof verstanden.

So, und ein Abend hatse wohl mich aufen Kieker gehabt. Setzt sich bei mich bei, nebelt mich mit ihrn Nuttendiesel ein und sabbelt mich voll mit ihrn Kurschattenwahn. Ich kam nich ma dazu, se zu fragen wose wohl den Knopp zum Abschalten hätte. Waa vielleicht auch gut so, wer weiß, wat die mich noch allet zwischen ihre Speckfalten gezeicht hätte. Die Rettung waa dann mein Fläschken Pils, wat ich ihr inne Hand drückte und sachte: „Hier, hau wech!“ Glaubsse, die Ruhe waa himmlisch, dauerte aber nich lange, da hatte die die Pulle leer und dat Gesülze ging weiter. Ich sach dich ehrlich, meinen Kumpel Dirk bin ich bis heute dankbar, dat der nochen paa Pilskes in Reserve hatte und zur Verfügung stellte. Bloß, nach fümf Pils gab die immer noch nich Ruhe, und ers wie vonne Mädels aus unsere Truppe noch ne Pulle Sekt im Spiel kam, waase dann soweit abgefüllt, dat se ruhich inne Ecke lach und wahrscheinlich vonnen Kurschatten träumte. Den nächsten Abend machtese dann en andern Typ an, ging ihr aber auch nich anders. Dat hat mich aber nich mehr weiter gekratzt, ich hatte meine Ruhe.

Hömma, den nächsten Tach kam dann die Krönung. Ich krichte noch vorn Frühstück ne Einladung nachem Püschologe! Aber die Zeit so geleecht, dat nich etwa ne Trainingseinheit aufen Ergodingens ausfiel, sondern genau inne Stunde zwischen Muckibude und Bewegungsbad, wo ich ja eigntlich en bissken Pause machen wollte. Dat erste, wat mich so durchen Kopp ging waa: Jau Günner, gezz isset so weit, gezz wollnse dich wohl für bescheuert erklärn und abholen. Und ich seh mich schon inne weiße Jacke mitti extralangen Ärmel und son paa Kanten, die mich inne Gummizelle bringen.

Bissken weiche Knie hatt ich ja schon, wie ich um 11 Uhr bein Püschologe in sein Allerheilichstet kam. Der nuschelte mich sein Name vor, ob dat gezz Müller, Meier oder Schmitz sein sollte waa nich so ganz rauszuhörn, waa aber auch egal. Setz mich also im Sessel, er im andern Sessel und kuckt mich an, sacht aber nix. Dat ging so umme fümf Minuten und ich denk so für mich: Hömma Junge, wenne wat von mich willz, musse schomma die Klappe aufmachen, sonz bin ich inne halbe Stunde hier widder raus und im Planschbecken. Irgnswie muss der dat wohl auch in meine Gedanken gelesen ham, weil gezz kamer auf einma mitti Frage raus: „Was ist denn Ihr Ziel, Herr Mambrallek?“
„Jau“, sach ich, „ers ma hier die Reha zu Ende bringen und ansonsten wech vonne Maloche und möglichst schnell anne Rente. Vierzich Jahre malochen is jawohl genuch!“
Hömma, der kuckt mich an wie son Auto, nur nich so schnell und meint so für mich, dat dat wohl gezz nich wirklich dat wär, wat er gemeint hat. Ich sollte doch vielleicht ma rauslassen, wat mich beweecht, wat ich toll finde und wat mich är-

gern tut. Weisse wat, wenn dat danach ging, hätt ich warscheinlich bis zum Ende vonne Reha ... aber mit dem? Und ohne en Pilsken zwischendurch? Jedenfalls hatter dann wohl kapiert, dat ich auf sein Püscho-Gehabe nich so anspringen tat und gab mich zum Schluss den Tipp, ma zu versuchen, allet wat ich toffte finde, wat mich beweecht oder wat mich ärgert, ma aufzuschreiben. Und wenn ich dat Bedürfnis hätte, dürfte ich ihm dat auch ma zu lesen geben. Hömma, wenn der wüsste, wat ich schon seit en paa Jahre mach. Ich hab mich echt übberleecht, ihm en Exemplar von mein erstet Büchsken inne Hand zu drücken, mit Widmung und so, aber ob der übberhaupt verstanden hätte, wodrum dat in dat Buch eigntlich geht? Und ich frach mich bis heute: Wat weiß en Püschologe schon vonnet Leben, vor allem vom Malochen? Der Pannekopp jedenfalls nix! Ich hab mir jedenfalls vorgenommen, mich mit diesen Seelenklempner nich weiter zu beschäftigen. Dachte ich jedenfalls!

Wie am nächsten Tach dann Entspannungstechnik aufen Programm stand, kam ausgerechnet der Püschoknilch inne Runde und sachte, er wär der Trainer und würd uns gezz Entspannung beibringen. Weisse wat, dat hat sogaa funktioniert, glaubsse dat? Wie der Püschotrainer en paa Takte gesacht hat, waa ich so toffte entspannt, dat ich eingeratzt bin, und wenn mein Nachbar mich nich ordentlich geschüttelt hätte, wär ich bestimmt nich zu die passende Zeit anne Mittachskrippe gekommen. Ich werd dat mitti Entspannung wohl bei Gelegenheit ma abends ausprobiern, wenn ich ma widder nich pennen kann. Nee ehrlich, waa schon toffte, bloß en bissken weniger Sport, dat wär et gewesen.

Weisse, wie mich der Dokter ne Woche Verlängerung angeboten hat, hab ich auch dankend angenommen, is ja immer noch besser wie zu Hause und malochen. Und weisse wat, wie die vier Wochen um waan und et widder nach Hause sollte, kam doch son bissken Wehmut auf. Nee nich, dat et gezz kein Sport mehr gab, sondern mehr, weil ich doch son paa echt gute neue

Freunde getroffen hab: Nicki, Katja, Rowena, Anja, Kirsten, Uta, Dirk und nochen paa andere.

Hömma, weisse wat: Ich bin gezz auf meine ollen Tage doch noch im Fatzebook gelandet. Is schon toll, dat man die Freundschaften auch so auf weite Entfernungen pflegen kann, als ob man jeden Abend zusammensitzt. Bloß dat Prost sagen und Anstoßen mitte Pilskes, dat funktioniert übber dat Internet noch nich. Ker, wenn dieser Bill Gates dat noch hinkricht, dann tu ich ne echt fürn Nobelpreis vorschlagen.

Glückauf!

Strom
rechnung
15 000
V
K 2012

Strompreise

So, dann kuckenwer ma, wat da so allet inne Post is! Meine Fresse nee, kannze bald allet gleich ungelesen inne Tonne kloppen. Nur Werbung: vonnen Supermarkt in unsere Shoppingmeile, Feinkost Albrecht, Rossmanns Reformhaus, Unnitymedia ... Ach kumma da, unsern Optiker bietet gezz ne Brille mit Gleitsichtgläsers fürn halben Preis an. Nee also, dat wärn immer noch fümfhunderfuffzich Eulen, bin ich der Ackermann oder wat? Hä, wat is dat denn? In Bärbel ihre Apotheke krisse gezz Potenzmittel für ab zehn Euronen? Nee, soweit is dat bei mich noch nich ... Bor ey, ich wusste gaa nich, dat dat so viele Pizzabuden bei uns inne Stadt gibt ...

Wat is dat denn? Post von mein Stromversorger? Doch nich auch noch Reklame? Stromrechnung hasse doch vor zwei Monate gekricht. Waa ja echt gut, hömma, hundertneunzich Tacken wiedergekricht und Abschlach en Zehner weniger, dat waa schon in Ordnung. Ich mach also den Brief auf und kuck ... und les ... und kuck nomma ... und krich auf einma sonne Krawatte: Strom acht Prozent rauf und monatlichen Abschlach gleich en Zehner mehr ab nächsten Monat. Nee du, geh mich wech, die Blutsauger kriegen den Hals nich voll.

Weisse, da bin ich vor drei Jahre wech vonne RWE, weil die schon immer ihrn billigen Atomstrom für viel zu teuer Knete verscherbelt ham und an Kohle hamse in ihre Kraftwerke schon immer dat billige Zeuch aus Polen und China verheizt. Da isset doch kein Wunder, dat bei uns ein Pütt nachem andern dichtgemacht hat. Wie viel Wert hat schon dat Leben von ein Berchmann in China? Hörsse doch immer widder, wie dat bein Chinese ma widder rumms im Pütt macht. Schlachwetter, weisse, und tausend Kumpel sind übber die Wupper.

Also ich bin vor drei Jahre nachem andern Anbieter gegangen, der hier inne Gegend auch schon lange am Markt is, allerdings die letzten hundert Jahre mehr mit Wasser. Und der hat mit die billichsten Preise und tut dafür garantiert Strom aus Wasser und Wind verkaufen. Ich kuck also im Internet nache Strompreise und stell fest, dat et billiger nur noch beie Stadtwerke aus unsere Nachbarstadt is. Weisse wat, dat muss ich dich gezz ma im Vertrauen erzähln: Geh bloß nich nach die! Locken dich ers mit Billichstrom und wenne ma en bissken klamm biss und nich löhnen kannz, klemmense dich ers ma den Saft ab und bieten dich dann en Vorkassenzähler an, dat du für Strom den doppelten Preis latzen darfss. Und am liebsten machen die dat mitti Leute, die von Hartz IV leben. Nee also, mit die mach ich jedenfalls kein Vertrach. Bleibt mich also nix anderet übrich, wie weiter bei unsern Wasserwerch zu bleiben.

So, gezz kuck ich ja auch ab und an ma inne Glotze und les inne Zeitung. Und da krisse ja so dat eine oder andere mit, wo man noch Strom sparn kann. Fängt mitte Birne inne Lampe an, geht mitten neuen Kühlschrank und mitte Waschmaschine weiter und ich weiß nich wat noch allet. Und da musse auch widder aufpassen, weil wenne dich diese Energiespardinger inne Lampe schraubss, hasse auf einma Quecksilber und anderet Giftzeuch inne Bude, wat ja nich gerade gesund sein soll. Also, allet gaa nich so einfach! Musse ers ma en Haufen Kohle in neue Gerätschaften investiern, und wenne dat dann mit Strom sparn widder raus hass, liechsse schon en paa Jahre inne Kiste. Da kommsse wohl billiger mitten höheren Strompreis wech.

Hömma, da hab ich doch die letzten Tage ma sonne Sendung im Fernseh gesehn, ich mein dat waa aufen Zweiten, wo man so ziemlich frontal mit 21 Kilos und ziemlich kritisch die Eliten aus unsere Republik ma son bissken bloßstellen tut. Und da brachtense en Bericht, wie die Strompreise gemacht werden. Da hamse so wat erzählt, dat an sonne Börse, ich mein die wär in Leipzich, der Strom inne letzten Jahre immer billiger wurde. Und dat für uns Privatleute der Strom immer teurer wird, liecht dadran, dat die Managers vonne Stromfirmen sich auf ihre Millionengehälter jedet Jahr noch ne Schüppe drauflegen. Und füre Benutzung vonne Stromleitungen müsstense auch noch richtich latzen und auf allet kommt dann noch die Stromsteuer drauf und die Märchensteuer. Jau, und gezz soll für neue Leitungen auch noch ne höhere Benutzungsgebühr draufkommen, damit der Strom vonne Windräder anne Nordsee auch nach hier kommen kann. Dat würde den Strom dann noch teurer machen.

Aber weisse, wat die Krönung is? Da brauchen die Großfabriken die Leitungsgebühr nich latzen, weilse sonz vor lauter Stromkosten den Laden dichtmachen müssten. Ich mein die sachten da so wat von energieintensive Betriebe. Gut, wennse viel Strom brauchen, könnense ja son bissken Rabatt ham. Aber gezz frach ich mich: Wieso kricht ne Sparkasse, en Rechtsverdreher, en Dokter, ne Stadtverwaltung oder en Supermarkt auch son Rabatt wie son großen energieintensiven Industriebetrieb? Im Fernseh hießet dazu, die hätten alle en Antrach beie Bundesnetzagentur gestellt und von da sonne Urkunde gekricht, mit der se gezz alle diesen Stromfresserrabatt kriegen. Irgnswie hab ich da den Eindruck gekricht, da wird gaa nix geprüft, sondern nur Urkunden gedruckt und verschickt.

Weisse wat? Hömma, dat isset doch! Ich werd einfach auch ma son Antrach auf Befreiung vonne Umlage füre erneuerbare Energien stellen. Die Voraussetzungen hätt ich ja. Wat sachsse, wo hätt ich denn en Betrieb? Hömma, wo hat en Dokter denn en Betrieb? Also mein Hausarzt sacht immer, er wär Freiberufler. So, und dat bin ich neben meine normale Maloche auch, zumindest seit ich meine Geschichten als Buch inne Öffentlichkeit verbreiten tu und dat bissken Taschengeld, wat ich damit verdien, auch noch bein Finanzamt als freiberuflichen Buchschreiber und Bilderzeichner angeben muss. Also brauch ich als Freiberuflichen auch mehr Strom wie son normalen Haushalt. Weil ich muss ja mein Computer jeden Tach en paa Stunden anmachen, für Kontakte pflegen im Internet und auch zum Schreiben oder einfach ma, um son paa witzige Zeichnungen fertichzumachen. Am Computer brauchsse ne Lampe und dann brauchsse en Drucker und, und, und ... Und den Kühlschrank bisse ja auch mehr am Belasten, weile ja auch schomma en paa Pilskes mehr kaltstellen muss, für wenne ma hohen Besuch kriss. Und für dat allet brauchsse eben mehr Strom wie en normalen Haushalt. Also ich mach dat! Und wenn mich die Bundesnetzagentur tatsächlich sonne Urkunde schicken tut für billiger Strom, dann weiß ich zumindest, dat da irgnswie wat nich mit rechte Dinge zugehn tut. Aber dat soll mich dann auch piependeckelegal sein!

Glückauf!

Wenne inne Kleinstadt ziehss ...

Et is ja schon ne ganze Zeit her, dat ich aussen Herz vonnen Pott, also von Emscher und Rhein-Herne-Kanal, nach Norden bis kurz vorre Lippe gezogen bin. So aus berufliche Gründe, weisse? Dat waa so Anfang vonne Achtziger, und ich hatte in unsere Kreisstadt en neuen Job angefangen. Jau, und einer vonne neuen Kollegen hat mich dann in diese Kleinstadt mit reingezogen, wo ich seitdem wohne und die in die ganzen Jahre doch so wat wie Heimat geworden is, so mit alle Stärken und Schwächen, toffte Leute und manchma auch komische Leute. Und wat den Bezuch zum Pott perfekt machte, dat waa en fördernden Pütt. Und der lach mitten inne Innenstadt. Dat gabet auch nich übberall.

Jau, und ne junge Musikszene, dat gabet in Gelsenkirchen nich. Irgnswie waa ich dann mittendrin inne Freizeitmusik, hatte jede Menge Kumpels und et ergab sich dann, dat einer von meine Kumpels auf einma mein Schwager waa. Und dann kamet, dat wir nach zwei Jahre zusammengezogen sind. Mehr so zufällich in den historischen Ursprung von diese Kleinstadt. Gezz hatte mein Herzken den größten Teil von ihre puckelige Verwandtschaft da wohnen und damit fingen die Malässen mit dat ganze Brauchtum an. Dat erste, wat ich mich sagen lassen musste waa, dat man Plattdeusch quasselt, wenn die Verwandtschaft unter sich is. Und da hätt ich mich gefälligst drauf einzustellen. Blieb mich also nix anderet übrich, wie mich mit dat Plattdeutsche zu befassen. Fiel mich ja nich besonders schwer, weil mit Sprachen komm ich ja sowieso schon immer ganz gut klaa, obwohl zwischen Emscherplatt und Oerscherplatt ja Welten liegen. Nee also ehrlich, dat mitti Sprache, dat waa schon ganz in Ordnung.
Gezz hattenwer gerade en paa Tage zusammengewohnt, da krichtenwer schon den ersten Besuch vonne Brauchtumsträger. Und zwaa in Form von son Vertreter vonne freiwillige Feuerwehr und der sachte doch tatsächlich so wat von Dorf-

gemeinschaft, und wenn man dabei sein will, müsste man schon in einen vonne ansässigen Vereine drin sein. Und ob ich nich Bock aufe Feuerwehr hätte. Die würden ja nich nur Feuer löschen, sondern inne Vereinsabende auch regelmäßich den andern Brand mit Pilskes. Und auch mit andere Arten von Brände hättense regelmäßich zu tun: Weinbrand, Obstbrand, Kornbrand ... Hömma, da kam auf einma die Frage auf, wat die denn machen, wennet wirklich ma irgnswo brennt. Ich bin ja gezz von Natur aus nich unhöflich, aber so Sachen wie Feuer und Brände sind nun ma nich wirklich mein Dingen. Und wat sollte ich einäugigen Maulwurf ausgerechnet beie Feuerwehr? Wär doch dat Risiko viel zu groß, dat ich bein Einsatz die Kameraden nass spritzen tu anstatt dat Feuer. Dat hat den Typen dann auch übberzeucht.

En paa Tage später kam neuer Besuch. Son Spacko mit ne grüne Uniformjoppe und en Hut mitten Gamsbart aufen Kopp und fragt mich, ob ich nich Bock hätte im Schützenverein mitzumachen. Weil, wenn man schon hier innet Dorf wohnt, gehört dat halt dabei, wenn man annet gesellschaftliche Leben teilnehmen wollte. Hömma, Schützen, Uniform tragen, mit Gewehr übber in Reih und Glied marschiern und alle drei Jahre en riesiget Saufgelage mit Ringelpietz und Anpacken. Und wennse dann alle blau sind, ballernse mit ihre Flinten nach son komischen Holzvogel und wer den dann richtich trifft, dat der runterfällt, is dann so wat wie König. Jau, und als Schützenkönig musse dann reichlich Kohle ham, weil dann musse noch ne riesige Fete organisiern und finanziern, damit die Schützenbrüder sich auf deine Kosten dann ma so richtich volllaufen lassen. Nee du, geh mich wech. Damals bein Bund wolltense mich schon nich ham, weil ich zu schlecht kucken konnte.

Danach kamen noch Vertreter vonne ganzen Kirchenvereine an, die hab ich aber auch abblitzen lassen. Weil, Günner und Kirche, dat is so ähnlich wie Teufel und Weihwasser, weisse!? Da will ich mich gezz lieber nich weiter drübber auslassen.

Irgnswie hat mein Schwiegervatta dat dann geschafft, dat ich auf einma im Heimatverein drin waa. Die hatten zumindest nochen bissken wat mit Heimatgeschichte und Kultur zu tun, obwohl ab und an ma son bissken Saufen waa da auch im Programm. Die Krönung beie Heimatkundler waa dann, dat ich auf einma mit im Vorstand waa. Hat mir auch nix ausgemacht, nur dat mitti vielen Kurzen zwischen die Pilskes fand ich nich so toll und dat der erste Vorsitzende en paa Wochen später mit son schwattet Büchsken ankam. Dat Parteibuch vonne Merkel-Partei, oder damals noch die Kohl-Partei. Dat müsste man eben ham, wenn man innen Verein, der die Traditions- und Heimatpflege betreibt, bestehen will. Sozis könnte man da im Verein nich brauchen. Dat waa dann dat Ende von Günner im Heimatverein. Den nächsten Tach hab ich die Kündigung geschrieben, fristlos, weil ich keinen Bock auf irgnswelchen Parteienklüngel hatte. Dann waa ers ma Ruhe mitte Vereinsmeierei, außer vielleicht noch den Kegelverein, wo ich gezz seit fast dreißich Jahre drin bin. Aber dat is auch wat anderet, hat mehr mit Freundschaft und gemeinsamet Erlebnis zu tun.

En paa Jahre später kam dann mein Jüngster mit son Verein an. Hieß wohl JOE, hatte wat mit organisierte Jugendkultur zu tun, so Konzerte für Rock-'n'-Roll-Kapellen und Rockfestivals organisiern, so richtich toffte, weisse!? In die Zeit hab ich mich schon so manchma gewünscht, nomma zwanzich Jahre jünger zu sein. Jau, und gezz wohn ich schon bald fümmendreißich Jahre hier und irgnswie hab ich den Eindruck, dat die ganzen Vereine auch ohne Günner Mambrallek ganz gut zurechtkommen. Da bleib ich doch lieber dabei, lustige und hintergründige Geschichten übber unsere Region und die Welt zu schreiben und auch schomma öffentlich vorzulesen. Nur hier in unsere Kleinstadt kriegen die dat nich gebacken, mich ma lesen zu lassen. Vielleicht is dat gezz die Quittung dafür, dat ich die ihre ganze Vereinsmeierei nich mitgemacht hab.

Glückauf!

ELKEA
JONNI
ANLEITUNG
VK 2013

Beipackzettel

Bor ey, ich hab schon widder son Kragen! Nee also ehrlich. Da hasse dat einma in dein Leben hingekricht, son Regal aus dieset Möbelhaus aus Schweden – dat mitten Elch, weisse – innerhalb vonne Stunde aufzubauen und schon meint alle Welt um dich rum, dich irgnswie dauernd aufen Zeiger gehn zu dürfen, wennet dadrum geht, irgnswat zusammenzubauen oder nachzukucken, wose selbss nich mit klaakommen. Dabei hasse doch immer son Waschzettel dabei, wo du dat nachkucken kannz wie dat geht. Nee also ich sach ja immer: Wer lesen kann, is aufe sichere Seite! Und wenne dich ma so die Zettel vonne schwedischen Möbel bekucken tus, brauchsse nich ma lesen können, sind nur Bilder drauf, die du aber schnell kapiern tus. Und rubbeldekatz hasse dat Regal fertich.

Aber da wollt ich eigntlich gaa nich hin. Hömma, wat wollt ich denn gezz nomma sagen? Ach so, jau! Da gabet letztens in Lidls Gourmettempel inne Sonderaktion sonne Inhaliermaschine. Nee, also gezz nich sonne Elektro-Kippe mit Ausrüstung, sondern mehr son medizinischet Dingen, sonne Medikamentennebelmaschine, weisse, für wenn dich ma widder der Würfelhusten schikaniern tut. Und meine bessere Hälfte meinte dann sofort, dat müsstenwer auch ham, so wie dat mit unsere Husterei schon seit Wochen zugange wär. Bringtse also bein letzten Einkauf son Apparillo mit.

Und et waa klaa, wer sich als Erster mit dat Dingen befassen sollte. Nee also nich mein Lissken, aber dat hättze gezz wohl auch nich gedacht. Waa doch logisch, dat der Günner sich die moderne Medizintechnik zu Gemüte führn durfte. Ich pack also aus, kuck mich die Teile an, dann den Beipackzettel, und denk, allet klaa, in fümf Minuten is dat Dingen fertich. Flötepiepe! Um die Maschine zusammenzukriegen, musstesse ers ma ein Teil abbauen, um dat andere dranzukriegen und da fing dat Problem an. Dat eine Teil ging nämlich nich los. Konnze ziehen, drücken, drehen: Dat Dingen saß fest! Und mein

Blutdruck ging auf hundertachtzich! Ich pack also den ganzen Schisselameng widder im Karton, Kassenzettel dabei und ab nach Lidls Gourmettempel damit.

In den Laden waa gezz Gott sei Dank auch nich viel los und ich sach für dat Frollein anne Kasse: „Hömma Frau Aydin, dat Dingen hat meine Frau vorhin bei euch gekauft und dat geht nich. Kuck domma nach."
„Möchten Sie umtauschen oder zurückgeben, Herr Mambrallek?"
„Nee, also eigntlich wollte ich eher, dat dat Dingen funktioniern tut", sach ich, „weil, et waa dat letzte im Regal." Die Frau Aydin packt also dat Teil aus, kuckt sich dat an und erkennt auch sofort, dat da ein Teil ers losgemacht werden muss, um ein andret dranzumachen. Jau, und dann waase genauso weit wie ich. Et ging nich.
„Also wir nehmen es gerne zurück und Sie kriegen Ihr Geld wieder", sachtse für mich, „im Lager ist keins mehr."
Ich hab dann doch ers ma vorgeschlagen, den Chef dabei zu holen und ma zu testen, wie der denn so handwerklich drauf is. Hömma, der brauchte nur en paa Sekunden, da hat der dat festsitzende Teil losgemacht und dat ganze Gerät zusammengebaut, ausprobiert und am Laufen gekricht. Dat waa et. Und mich waa auch klaa, wie man den Apparat aussenander und widder zusammenbaut. Gezz hasse aber nich immer son Glück.
Wie wir uns vor zwei Jahre ne neue Küche gegönnt ham, hat sich mein Herzken en Herd andrehen lassen, hömma, dat waa en Wunderwerch vonne neueste Computertechnik! Zwei Knöppe zum Drehen, drei Tasten zum Drücken, sonne elektronische Anzeige, und damit konnze dat Dingen allet programmiern, wat et kochen und backen sollte. Und et sollte nix mehr anbrennen. Jau, und wie die Küchenklempner gerade zehn Minuten aussen Haus waan, ging dat Theater los.
„Günner, kannze ma kommen?"
„Jau, wat is?"
„Günner Schatz, ich hab da anne Uhr am Herd probiert und

gezz zeicht der die Zeit nich mehr an. Kuck domma nach!"
Hömma, bis ich die Seite mit dat Thema Uhr in dat Handbuch gefunden hab, waa schon ne halbe Stunde rum. Jau, und danach sollte dat Einstellen vonne Uhr mitten paa Ma Knopp drücken erledicht sein. Drückense Knopp 1 bis et blinkt, dann Knopp 2, bis die richtige Zeit erscheint, dann widder Knopp 1 für zum Speichern, fertich! Ich sach dich, nix waa fertich, auch nach ne viertel Stunde nich und ich sach für meine bessere Hälfte: „Hömma, frach die Jungens, wennse ma da sind, die ham Ahnung von Informatik, die kriegen dat hin, ich jedenfalls nich." Damit waa dat für mich erledicht. Und unsern Ältesten krichte dat den nächsten Tach tatsächlich inne Sekunde hin, ohne in dat Handbuch zu kucken. Und wie ich ne frach, zeichter mich dat und irgnswie waa dat so gaa nich wie in dat Handbuch beschrieben.

Weisse, gezz frach ich mich, wat sind dat eigntlich für Experten, die sonne Handbücher schreiben? Wahrscheinlich Russen, die dat von Japanisch in Englisch übbersetzen, ohne auch nur eine vonne beiden Sprachen zu können. Und die Übbersetzung in Deutsch macht dann en Chinese, der als einzige Fremdsprache nur Russisch kann. Hömma, geh mich wech mit diese Globalisierung, spätestens wennet um dat Verfassen von Beipackzettel geht, kommt dabei nur Kokolores raus.
Und weisse wat die Krönung von diese ganze Zettelwirtschaft is? Dat sind die Waschzettel ausse Packungen vonne Pillen, Troppen und Salben vonne Apotheke. Glaubsse, wenne da nich Arzt oder Apotheker studiert hass, verstehsse nur noch Bahnhof. Und wenne dann dochen bisken durchgeblickt hass, krisse ers ma richtich Schiss inne Buxe, von wegen wat du da allet von kriegen kannz, wenne dat nimmss.

Da fällt mich nur noch eins bei ein: Bei riesige Nebenwirkungen verbrennense die Packungsbeilage und schlagense Ihrn Arzt oder Apotheker!"

Glückauf!

VK 2012

Castingshows

Ach wat is dat schön, wenne endlich Feierabend hass. Bissken wat essen, eine rauchen, Pilsken dabei und dann son bissken Gehör- und Fingertraining. Ach so, verstehsse nich? Gut, da muss ich dann ma en bissken wat erklärn.

Also, ich hab ma als Kröte davon geträumt, Musik zu machen, waan wohl damals die Beatles und die Stones, vor allen aber der Johnny Cash in Schuld, dat ich so mit zwölf auf einma dat Bedürfnis krichte, Klampfe zu spielen. Und ich bin mein Vatta bis heute dankbar, dat der mich, trotz immer klamme Haushaltskasse, et möglich gemacht hat, dat zu lernen. Und wenne dat einma kannz, musse zumindest regelmäßich ma die Klampfe auspacken fürn bissken zum Üben, weisse, damit die Finger nich klamm werden. Wenne dann mitte Jahre annen ziemlich edlet Instrument gekommen biss, musse dat auch in Schuss halten und dat machsse am besten, wenne dat Klangholz regelmäßich spielen tus. Jau, und dat Gehör hälze damit auch in Topform. Obwohl, wenn ich da so am ollen Beethoven denk, der waa ja so stocktaub, der hat sein Leben lang gedacht, er würde malen. Nee, also dat muss ich nich ham.

So, gezz fing dat ja vorn paa Jahre im Fernseh ma an mitti Suche nach irgnswelche Superstars. Wie heißt dat noch: Deutschland sucht den Superstar – wer ne findet, kann ne behalten! Oder so ähnlich. Im Anfang hab ich dat ja auch ab und an gekuckt, wenn ich ehrlich bin, aber irgnswie wurd dat nache dritte Sendung schon langweilich. Immer die gleiche langweilige Popmucke und alle immer die gleiche Stimmlagen. Die Mädels Mezzomix-Ultra-Sopran und die Jungens grundsätzlich Knödel-Tenor. Weisse, wenn da wenichstens ma einer mit sonne Röhre wie der Joe Cocker oder die Tina Turner bei rumgekommen wär, aber nee ... Einma hat wohl en Musikkumpel von mein jüngeren Sohnemann bei so wat vorgesungen, einer mit ne richtich gute Stimme, so ungefähr wie der Campino vonne Toten Buxen, oder wie die heißen. Und wie die ihn nachen ersten Vorsingen sachten, er soll ma en Moment warten, isser einfach abgehauen, weiler auf einma kein Durchblick mehr hatte, der Döskopp. Hömma, ich hab den Jungen selbss öfters singen gehört, der is richtich gut. Also, wenn der bein Didi Bohlen aufgetreten wär, hatt ich dat wohl öfter inne Glotze gekuckt.

Letztens irgnswann sachte ma einer von meine Jungens – oder waa dat doch meine bessere Hälfte – für mich, ich tät doch ganz ordentlich aufe Klampfe klimpern, ob ich denn nich dabei ma son bissken singen wollte?
„Nee", hab ich gesacht, „ich bin Gitarrenspieler, da muss ich nich singen, dat solln ma die machen, die dat besser können. Nachher meldet mich dann noch einer bei den Bohlen an."

So, gezz passiert dat ja ziemlich selten, dat ich mich an irgnswelche Filme erinnern tu, die ich da nachts im Schlaf manchmal so abfahr. Aber letztens hab ich tatsächlich im Traum inne Zelle im Knast gesessen, weil ich wohl den Bohlen erschlagen hab – vor laufende Kamera in seine Castingshow. Meine Fresse nee, wie waa dat denn noch? Also, wie die auf mich gekommen sind, kann ich noch immer nich kapiern, jedenfalls hab ich da wohl sonne Einladung zu ein Vorsingen gekricht und gedacht, wat sollet, fährsse ma hin, mehr wie nach Hause schicken könnse dich nich. Hab auch noch son paa Liedkes probiert, so Bottroper Bier is wie der Saft des Lebens oder Glückauf, Glückauf, der Hebbert kommt ... tief im Westen, wo die Sonne verstaubt ... Und als krönenden Abschluss noch Blau und Weiß, wie lieb ich dich ... Hömma, mit solche echte Hymnen sollte man bein Bohlen schon wat reißen, meinze nich? So wat Tollet hat der bestimmt noch nich gehört.

Na jedenfalls waa ich da auf einma in dieset Studio und dann ging dat los. Am Anfang wollte mich einer wat davon erzählen, wie man sich aufe Bühne so richtich bewegen tut, so mitten Hintern am Wackeln is und mitti Arme inne Luft am Rumfucheln is und so. Hömma, dat passte aber so gaa nich in dem

Konzept, dat ich mich ausgedacht hab. Ich dachte eigntlich mehr so anne Bühnenshow vonnen Hebbert Knebel, wenn der aufe Bühne sein Affentheater macht. Glaubsse, so wat Perfektet, besser geht dat doch gaa nich. Jau, und son andern Freier meinte dann, mit meine Klamotten könnt ich aufe Bühne nu auch nich grade glänzen, er hätte da wat Besseret und dreht mich sonne knallenge schwatte Buxe an mit son roten Frack und setzte mich son komischen Mafiosihut aufen Kopp. Wat glaubsse, wat ich froh waa, dat der nich noch mitten Schlips ankam, nee ehrlich, dann hätt ich meine Brocken sofort widder eingepackt und wär abgehaun. Nee also, Günner und Schlips, dat is wie Papst und schwanger, dat gibet nich!

Der Kracher von dat Ganze waa son Spacken, der mich dann en Text unter die Nase hielt, den ich schomma auswendich lernen sollte für gleich aufe Bühne. Ich kuck mich also den Text an ... weisse wat? Son Schwachsinn hab ich ja in mein ganzet Leben noch nich gelesen, irgnd so wat von ein Weech, der kein leichter sein sollte, sondern mehr mit viel Steine und schwer, hömma, da krisse ja nur vom Lesen schon richtich dicken Frust. Und dann fiel mich dat ein, dat dat von son klein Eumel aus Mannheim waa, der die ganze deutsche Schlagerwelt mit sonne Frustschnulzen am Nerven is und dabei noch richtich dicke Kohle macht. Glaubsse, ich will gaa nich wissen, ob der dafür, dat ich sein Text da gleich bringen soll, auch noch Penunsen kricht. Nee, sach ich für mich, Günner, dat tus du dich und deine Umwelt nich an, mach dein eigenet Dingen! So, und dann kam der Moment, wo et dann hieß ab im Rampenlicht und gib allet!

Ich also so richtich mit Schmackes aufe Bühne. Allet waa so dermaßen hell, dat du nix mehr sehn konnz und von irgnswoher kam dann die Mucke von dat Lied, wat die für mich eingeplant hatten, weisse, dat von den nich leichten Weech und mein ersten Gedanke waa: Günner, wie waa dat noch mitten Text? Scheiße – is wech! Günner, mach dat Beste draus, gib allet! Hömma, dat waa en echtet Meisterstück, den Text von

Bottroper Bier mitte Musik von den Weech so spontan frei nach Schnauze zusammenzubauen, ehrlich. Dazu so richtich wie son Profi aufe Bühne rumgehampelt, dat der Jürgen von Manger und der Hebbert Knebel bestimmt richtich Späßken gehabt hätten, wenn die inne Jury gesessen hätten. Hattense aber nich.

Inne Jury saß nu blöderweise der Didi Bohlen, neben ihn son blondet lecker Herzken und noch son andern Peiaskopp mit Glatze, der wohl von Musik und Kultur auch nich viel Ahnung hatte. Die Blonde zeichte zumindest ansatzweise, dat se en bissken wat von Kultur inne Birne hatte. Meinte jedenfalls, dat wär schon ganz toffte gewesen, ne bekannte Melodie mitten völlig unbekannten Text zu kombiniern, dat hätte wat und mein Dialekt wär auch so richtich dat Volk aufe Schnauze gekuckt. Die Glatze frachte mich dann, ob ich wohl Rücken hätte oder irgnswie behindert wär und bevor ich wat sagen konnte, fing der Bohlen dat Rumkakelen an.
„Hör mal, was war das denn fürne Scheiße? Ein Rumgehampel wie son Spastiker und was hast du aus dem künstlerisch so anspruchvollen Lied gemacht? Was für Proleten, Säufer und Ausländer. Bist du eigentlich einer von den Linken, oder was? Nee also, wir suchen hier den Superstar, aber keinen behinderten Möchtegernkomiker. Jetzt sieh zu, dass du verschwindest!“

Weisse wat, lass den Bohlen mit dat junge Gemüse, wat noch vonne Superstarkarriere am Träumen is, so umgehn, aber nich mit mir, der immerhin schon vierzich Jahre mit ehrliche Maloche sein Leben verbracht hat, ohne dabei anne dicke Kohle zu kommen. Und ich kuck ne so mitten festen Blick an und sach für ihm: „So Bohlen, gezz pass ma auf! Erstens nimmsse ma deine dösigen Bemerkungen zurück und zweitens tuusse dich bei mich entschuldigen, sonz lernsse Günner Mambrallek ma so richtich kennen. Dann zeich ich dich ma, wie wir anne Ruhr mit sonne Bollos wie dich umgehn und wo der Hammer am Hängen is! Ihr habt mich eingeladen, hier wat

zu machen, ich hab mich nich dadrum gerissen, merk dich dat. Hasse in dein sinnloset Leben übberhaupt schomma so richtich malocht, bisse schwatt wirss?"
Hömma, ich glaub, damit hat der nich gerechnet, dat der ma so richtich Tacheles kricht. Jedenfalls kricht der ne knallrote Birne und brüllt so wat wie: „Schafft diesen Affen hier weg!"
So, dat reichte dann, ich hatte noch immer dat Mikrofon inne Hand, bin auf den Bohlen zu und hau ihm dat Dingen ma so leicht übber die Rübe. Da kippt der nach vorne aus sein Sessel, bleibt übber den Tisch liegen und ich seh dat Loch in sein Kopp und da, wo eigntlich bei unsereins dat Gehirn sitzen tut, kuckt da echtet Stroh aussen Schädel. Dann wurde dat dunkel und auf einma fand ich mich inne Knastzelle widder und der Kommissar Schimanski kuckt mich an sacht für mich: „Hömma Günner, verdient hat der ja ne Abreibung, aber musstesse den sofort endgültig umhaun?"

Dat waa et dann, weil auf einma waa ich wach und musste ers ma ordentlich pinkeln und dat mitten inne Nacht. Gut, dat dat nur en Traum waa. Also eins is klaa, sonne Superstar-Such-Aktion werd ich in dat richtige Leben garantiert nich mitmachen. Vor allem, wenne ma übberleechs: Jedet Jahr werden da son paa Superstars gefunden, da machense riesich Werbung mit, bis der Arzt kommt und produziern jede Menge langweilige Mucke ausse Stilrichtung Hör dir ein Lied an, kennze alle. Nee, geh mich wech. Is doch allet Tullux!

Ich warte nur noch dadrauf, dat et vielleicht ma so wat gibt, wose en neuet Comedytalent suchen. Ne Jury mitten Hebbert Knebel, den Dokter Stratmann und die Gerburg Jahnke – dat wär et! Texte hab ich ja mittlerweile genuch und mit dat Vortragen klappt dat ja mittlerweile auch einigermaßen. Solange ich nich singen muss!

Glückauf!

ERROR

Immer erreichbar – der Handywahnsinn

Nee, ne? Gezz frach mich bloß nich auch noch nach meine Handynummer! Hömma, langsam reichtet! Weisse, ich waa vorhin noch inne Stadt, nach ne neue Buxe kucken. Bei Cisca und Anna gibet genau meine Größe, da musse nich lange rumprobiern und biss in fümf Minuten fertich – bin ja keine Frau, ne? Jau, und mit die C&A-Tüte inne Hand bin ich dann widder zurück in Richtung Bahnhof nachem Bus in Richtung nach Hause.

So, gezz gibet aufen Weech inne Shoppingmeile ne ziemlich große Buchhandlung, die denn auch mit heimatkundliche Literatur ganz gut sortiert is und ich denk, kumma rein,ob die nich vielleicht dat neue Buch vonnen Frank Goosen ham – ich find den einfach total toffte, ne? Ich komm also näher annen Buchladen ran, da kommt auf einma son Typ in Anzuch und Schlips aussen benachbarten Telefonladen raus, direkt auf mich zu, hält mich sonne Pappkarte unter die Nase und fracht mich, ob ich denn auch noch immer son teuren Vertrach beie Telebimm hätte und ob ich dat nich billiger ham wollte. Ich kuck den an und frach ne dann: „Hömma, wat quatscht du da eigntlich?"
Ich sach dich, den sein Blick hättze ma sehn müssen. Wie son Auto, nur nich so schnell! Und dann ging sein Sprüchsken los. „Also, wir bieten Ihnen Telefon, SMS, Internet, Fernsehen, Radio und dazu ein Handy der Firma Dingenskirchen. Und stellen Sie sich vor, das Ganze für zwanzig Euro im Monat. Das kann Ihnen die Telebimm nicht bieten!"
„Jau", sach ich", „warum sachsse nich gleich, dat du mich wat vom Handy verklickern willz. Hömma, ich sach dich ma wat. Zwanzich Öcken is ne Menge Holz für wat, wat ich bis heute noch nich gebraucht hab und die nächsten zwanzich Jahre, die ich vielleicht nache Statistik noch hab, auch nich brauchen werde. Junge, lass ma stecken."

„Wie, Sie haben kein Handy?“ Und dann kuckt der mich an, als ob gerade dat achte Weltwunder vor ihm aufgetaucht wär. Ich hab ne stehen lassen, weisse, der Besuch im Bücherladen waa mich dann doch wichtiger. Bloß, wie ich so aufe Uhr kuck, stell ich fest, dat et wohl mehr Sinn machen würde, nachem Bahnhof zu joggen fürn Bus nach Hause. Ehrlich, soweit is dat schon, dat die Werbefuzzis einen mit ihre doofen Sprüche mittlerweile anne Teilnahme am Kulturleben behindern tun.

Nee ehrlich, hömma, ich kann mich noch anne Zeit von meine Jugend erinnern, da hattenwer zu Hause nich ma Telefon. Wenne ma wichtich telefoniern musstess, gingsse nache Telefonzelle umme Ecke, zwei Tacken reingeschmissen und dann hasse dich kurzgefasst. Und wenn dich ma dringend einer anrufen wollte, der rief bei unsern Nachbar Paul Skiskibowski an, der dat einzige Telefon bei uns inne Straße hatte (ausser den Laden vonnen Robbert Holtkötter anne Ecke Frankenhof) und der kam dann rübber und sachte Bescheid. So ging dat damals und dat hat immer bestens funktioniert. Wenne dat genau nimmss, isset doch erst seit die letzten zwanzich Jahre immer bekloppter geworden mitte Sucht, immer und übberall telefoniern zu müssen.

Ich erinner mich da noch annen Kurzurlaub mitte Kegelkumpels so vor zwanzich Jahre. Wir waan zehn Kumpels und hatten an unsere Kegelabende übber dat Jahr genuch Knete eingespielt, um uns en verlängertet Wochenende en Stück wech vonne Emscher und Ruhr ohne unsere Frauen, aber mit viel gute Laune und gutet Pils zu gönnen. Und unser Kumpel Jürgen Martins hatte als Einziger dat neuste Wunderwerch vonne elektrische Quasseltechnik dabei: en Handy. Damals noch so groß wie der Hörer von dat ehrwürdige Telefon zu Hause und et kuckte noch ne Antenne raus. Und wir ham uns alle nur gefracht, ob der Jürgen gezz auch unter die Schickimickis gehn will, die man so ab und an ma in Düsseldorf oder Hamburch oder Berlin sieht, immer mit dat Dingen am Ohr und die nich mehr merken, wat um sie rum passiert.

„Nee“, hat der Jürgen gesacht, „ich hab dat übber mein Chef fürn halben Preis gekricht und eigntlich ja nur, weil ich doch vorn paa Wochen ers Vatta geworden bin und aufen Laufenden übber unsern Kurzen bleiben will.“
Hamwer nix mehr weiter gesacht und aufe Hinfahrt und den ersten Abend waa auch gut. Und dat der Jürgen am Abend kurz zu Hause angerufen hat, dat wir alle gut angekommen waan und dat erste Pilsken lecker waa, waa auch noch in Ordnung.

Am nächsten Tach fing dann dat Unheil an. Wir waan noch gaa nich mitten Frühstück fertich, da ging dat auf einma jödel di dödel, jödel-di-dödel und unser Jürgen hat nur den Kaffeepott aufen Tisch gehaun und schneller wie du kucken konnz, hatter sein Handy am Ohr gehabt.
„Jau Chef ... jau Chef ... jau Chef ... musse ma da und da kucken Chef ... Nee, hab ich nich Chef ... Allet klaa Chef.“ Fertich!
Ich frach ne: „Hömma, wat waa dat denn gezz fürne Nummer?“ Kuckt der Jürgen mich an und sacht: „Mein Chef, weisse, wollte mich ja ers gaa nich mitfahrn lassen, von wegen die wichtige Baustelle, issen Millionenauftrach und wenner den nich ordentlich fertichmacht, kanner sein Laden dichtmachen. Jau, und gezz machter dat Wochenende selbss die Bauleitung.“
„Jau“, sach ich, „gezz is mich auch klaa, warum der dich dat Terrorfon fürn halben Preis besorcht hat. Damitter dich auch noch in dein Urlaub aufen Zeiger gehn kann.“

Ne halbe Stunde später widder jödel-di-dödel, jödel-di-dödel. „Ja, wat is Chef? Jau Chef ... Nee Chef ... Kumma inne Werkzeuchkiste, Chef ... Allet klaa Chef ... jau ... bis Montach Chef!“
Wir Kumpels ham uns nur angekuckt, aber nix gesacht. Nur gedacht, jau Chef ... bis Montach Chef ... Wer et glaubt, wird selich! Eigntlich hattenwer uns vorgenommen, uns ma die örtliche Brauerei anzukucken, so mit Führung und anschließendet Pilsken testen.
Hätte ja auch echt Späßken gebracht, wenn da nur nich immer dieset dauernde Jödel-di-dödel-jau-Chef-musse-ma-den-

Dingens-fragen-allet-klaa-Chef-bis-Montach-Chef gewesen wär!

Den nächsten Tach – Samstach – wir waan alle noch am Pennen macht uns irgnswann so um 7 Uhr dieset Jödel-di-dödel-Moin-Chef-jau-Chef-allet-klaa-Chef wach und ich krich irgnswie noch mit, wie der Jürgen seine Plörren zusammenpackt und zu uns sacht: „Kumpels, ich muss nach Hause und aufe Baustelle, der Chef kricht dat nich gebacken. Viel Späßken noch."
Dann isser ab in seine Karre und wech waa er. Nee du, geh mich wech. Dat muss ich nich ham! Hömma, ich muss mein Chef schon die ganze Woche ertragen, da brauch ich den nich auch noch nachen Feierabend und ers recht nich am Wochenende. Und schon gaa nich im Urlaub!

Und weisse wat, wenne dich sonz ma so inne Umwelt umkucken tus, siehsse übberall die Leute mit dat Dingen am Ohr. Am schlimmsten is dat im Bus – übberall hörsse: „Jau, ich sitzgezz im Bus, bin gleich zu Hause, schieb schomma dat Essen inne Mikrowelle." Oder: „Wat gibet zum Essen, bin inne Viertelstunde da." Oder, wat ich letztens mitgekricht hab: „Bin gleich da, mach dich schomma bettfertich, ich tu dich dann ers ma en bissken vernaschen vorn Essen."
Echt, manchmal mein ich, die werden alle immer bekloppter, dat se ihr Privatleben so ohne Hemmungen inne Öffentlichkeit am Breittreten sind. Früher hasse dich noch mit dein Mitfahrer im Bus unterhalten können. Wenne heute ma ein anquatschen tus, kannze von ausgehn, dat sein Handy am Rappeln anfängt und schon is Pustekuchen mit Unterhaltung – außer, hass vielleicht ma ne Omma oder en Oppa so übber achtzich und die können dich nich verstehn, weilse gerade ma widder ihre Horche inne Wurst ham.

Hömma, letztens hab ich dann den neusten Schrei vonne Technik gesehn. Da waa bei uns inne Küche der Wasserhahn am Troppen und wie ich da mitte Wasserstrahlbiegezange ma genauer beigeh, waa mich dann klaa, Günner, da machsse nix mehr, da brauchsse en GWS-Mann. GWS ne? Gas-Wasser-Scheiße! Gezz hamwer ja en Haufen Bekannte und mich fiel dann auch sofort der Hebbert Stoppendrinski ein, en ollen Schulkumpel, der bei uns umme Ecke wohnt und nach seine GWS-Lehre dann irgnswat mit Umwelttechnik studiert hat. Also Telefon am Ohr und den Hebbert angeklingelt.

Der kam dann auch ne Stunde später und ich denk, wat is denn mit den los, isset gezz schon soweit mitten Stress auf seine Maloche, dat der sich schon mit sich selbss unterhalten tut? Weil, der waa ständich am Quatern, aber nich mit mich, sondern mit irgnseinen, der gaa nich da waa. Und der Hebbert hatte kein Handy inne Flosse. Und dann sachter für mich: „Günner, bin gleich für dich da, muss eben noch zu Ende telefoniern. Is wichtich!"
Jau, und dann seh ich dat Dingen, dat er innet rechte Ohr stecken hatte. Also dat waa dat Geheimnis. Dat Handy so klein, dat du dat direkt im Ohr stecken kannz und hass beide Pfoten frei. Is ja praktisch bein Autofahrn, sparsse jedet Ma vierzich Öcken, wenne bein Telefoniern gerade mit dein Auto anne Funkstreife vorbeifährss.

Is ja schon en paa Jahre her, da kamen ers unsere Jungens und en bissken später auch mein Herzken mitten Handy an. Und ich hab mich die Dinger dann auch dat erste Ma en bissken näher begekuckt. Nee, geh mich wech damit. Die Tasten so popelich klein, dat ich mit meine Wurstfinger gleich alle auf einma erwischt hab und auf dat Display konnt ich trotz Brille nix erkennen, so klein waa dat. Wat macht denn gezz einer, der noch schlimmere Malässen mitte Klüsen hat wie ich? Oder gibet auch extragroße Apparillos, so Taschenbuchgröße? Dat wär dann so dat Format, mit dat ich zurechtkommen könnte.

Inne letzte Jahre is mich dat dann aufgefallen, dat die Leute mit die Handys sogaa Fotos machen, im Internet surfen, Musik hörn und Bücher lesen. Letztens seh ich bei son Handwerker, dat den sein Dingen sogaa Wasserwaage konnte. Ehrlich, meine Fresse nee, mittlerweile frach ich mich echt, ob man mit son Smatfoon oder wie die Dinger neuerdings heißen übberhaupt telefoniern kann. Aber muss jawohl, is doch mittlerweile fast jeden in diesen Wahn verfallen, immer und übberall erreichbar zu sein.

Weisse wat, dann bin ich ebens lieber auch inne Zukunft dat achte Weltwunder, weil ... ich brauch dat allet nich! Soll ich dich ma ganz ehrlich wat sagen? Ich bin jeden Tach aufe Maloche zu erreichen und zu Hause. Und ich bin unsern Herrgott für jeden Augenblick von mein Leben dankbar, wo ich ma nich erreichbar bin. Und glaub mich dat, sonne Augenblicke gibet nich viele!

Glückauf!

PIRATEN
PARTEI
2013

Piraten

Bor ey waa dat toffte, dat letzte Wochenende! Nee, nich wat du gezz denkss – gut mampfen und dann en paa Pilskes zischen. Is zwaa auch toffte, aber dat hatt ich gezz ma nich. Also mein Herzken waa letztet Wochenende mitten paa Freundinnen unterweechs und ich hab die Zeit ma mit wat ganz Einfachet totgeschlagen. Und ich sach dich ma wat: Hömma, da kamen Erinnerungen hoch, du glaubsset nich. Ja gut, ich will dat gezz nich wer weiß wie spannend machen.

Also, ich hab mich im Sessel gesetzt, Pilsken dabei und en paa Videos angekuckt, die mich unsere Blagen für dat Wochenende geliehen hatten. Zuers drei olle Filme mit diesen Errol Flynn und danach die gesammelten Filme Fluch ausse Karibik. Hömma, so wat hab ich als Kröte schon gefressen – so richtich toffte Piratenfilme so mit Schiffe zerkloppen, mitte Schwerter am Kämpfen und immer waan die Reichen und Mächtigen die Bösen. Und ich erinner mich noch dadran, wie ich damals auch unbedingt Pirat werden wollte. Weil, dat waan noch echte Kerle, die allet kriegen konnten wat se wollten.

Wenn ich mich da diese Jammergestalten ankucken tu, die da so inne letzten Jahre in unsere Republik aufgetaucht sind und meinten, se könnten die Welt verändern. So mit freiet Internet und freie Liebe – natürlich auch nur im Internet. Die nannten sich zwaa Piraten, aber mit den ollen Errol Flynn oder den Johnny Depp hatten die wohl so gut wie nix gemeinsam. Hömma, dat Jungvolk ham die ja richtich mobil gemacht, fürn Gang anne Wahlurne zumindest. Und dann hamse dat tatsächlich geschafft, in dat eine oder andere Parlament reinzukommen. Und danach hamse nix mehr geschafft, ausser en paa hirnlose Sprüche kloppen. Nee du, geh mich wech!

Weisse, ich hab mit die ma zu tun gekricht, wie wir damals diesen selbsternannten Arbeiterführer – diesen Rüttgers – abgewählt und unser Mutti vonne Ruhr, die Hanne Kraft, im

Landtach gewählt ham. Wie dat ja bein Wahlkampf so is, hamse da von alle Parteien bei uns umme Shoppingmeile rum ihre Stände aufgebaut und Wahlgeschenke verteilt. Nee also gezz nich Steuergeschenke oder so wat, dat machen die ja nur hinter verschlossene Türn an ganz bestimmte Leute. Ehrlich, da wurden mehr so Kullis, Lufballons und jede Menge buntet Papier verschenkt. Jau, und direkt neben die Blaugelben (du glaubss et nich, die hatten ihrn ganzen Stadtverband aktiviert – drei Figuren) hatten sich also diese Piraten aufgebaut. Und wie die merkten, dat ich für die Blaugelben nurn Finger anne Stirn übrich hatte, ham die mich auch sofort angequatscht, so von wegen die richtige Grundeinstellung für diese Frühkapitalisten.

Ich kuck diese Typen an – die sahen alle schon so richtich aus wie welche, die meistens rund umme Uhr nur am Computer sitzen tun, jedenfalls hatte einer son viereckigen Kopp – und ich frach so: „Samma, wat gedenkt ihr denn gegen diese Rechtsverdreher-Abmahn-Mafia im Internet zu unternehmen, wenn ihr gewählt werdet?" Ey, ich glaub, ich muss den da wohl aufen ziemlich schwachen Fuß erwischt ham. Der kuckte mich nur ziemlich unwissend an und gab dann zu, dat er eigntlich gaa keine Ahnung hatte, wat ich von ihm wissen wollte. Ich hab ja nich damit gerechnet, aber dat Wahlergebnis waa dann echt ne Riesenübberraschung. Die hatten dat tatsächlich geschafft und inne nächsten Monate in andere Teile von unsere Republik auch. Jau, und wie die dann öfters im Fernseh waan, wurde et jeden klaa, dat dat allet nur Quasselköppe waan, die sich mit leere Reden nur selbss gegenseitich die Köppe einhauten. Nix von Piratenkampfgeist!

Weisse wat, mittlerweile hab ich so den Eindruck, diese ganzen modernen Piraten sind nix weiter wie son Haufen von verkappte Computerfreaks und abgebrochene Informatikers, die geschnallt ham, dat man inne Politik mit wenich Arbeit viel Kohle machen kann und nach vier Jahre hat man fürn Rest von dat Leben ausgesorgt. Eigntlich genial. Hömma, wieso bin ich mit meine Kegelbrüder nich aufe Idee mitti Politik gekommen? Groschenjäger wär doch bestimmt auch en glaubhafter Name fürne Partei! Aber Piraten? Ehrlich, da bleib ich doch lieber bein Errol Flynn und den Johnny Depp!

Glückauf!

2012

Musik

Bor ey, ich hab mich ja letztet Jahr vorgenommen, mich dat nich widder anzutun, weisse? Wat, frachsse, nimmsse dich nich immer widder ma vor, dich dat eine oder andere dat nächste Ma nich mehr anzutun? Ja gut, hass ja recht.

Weisse, ich red ja gezz von diesen Eurovischen Song Context, oder wie dat heißt. Letztet Jahr hab ich mich dat inne Glotze angekuckt und weisse wat, viel Aufwand und Brimborium, und wenne ma ein Lied gehört hass, hasse die andern fümmenzwanzich auch gekannt. Ehrlich, also so richtich Weltbewegendet, wie damals ABBA oder wie die noch hießen, is da ja nich widder bei rumgekommen. Nee also, wenn ich mich die Musik heute so anhörn tu: Nur noch bumm, bumm, bumm und irgnswelche kosmische Klänge, kannze gaa nich mehr raushörn, ob da gezz ne Gitarre oder ne Trompete oder en Klavier mit dran beteilicht is. Biss mich vorn paa Jahre ma mein jüngeren Sohnemann schlau gemacht hat.
„Hömma Vatta, da kannze auch keine Klampfe oder Tröte hörn, weil die werden auch gaa nich gespielt. Dat wird heutzutage allet mitten Computer gemacht: programmiert, abgemischt und gespeichert. Und wenne nich singen kannz, bügelt der Computer dat auch noch glatt. Is doch viel billiger, als fürn Lied zum Aufnehmen en Haufen Musiker und Instrumente ranzuholen und noch einen, der singen kann. Dat geht doch heutzutage viel einfacher."

Weisse wat, dat waan echt noch toffte Zeiten, wie damals der Elvis Presskopp, der da mit seine Gitarre zugange waa und noch so richtich toll seine Lieder inne Welt schmetterte, dat dich dat mitten heißen Schauer den Rücken runterlief. Da gabet auch noch Musikers, die noch richtige Instrumente spielen konnten und damit inne Musikgeschichte eingegangen sind. Preisfrage: Wer waa der bedeutendste Trompeter aussen zwanzichsten Jahrhundert? Richtich: Louis Armstrong! Und wer waan die bedeutendsten Komponisten aussen letzten Jahrhundert? Richtich: John Lennon und Paul McCartney. Die werden ja heutzutage sogaa vonne großen Sinfonieorchester gespielt. Also muss dat ja große Musik sein. Jau, hass ja recht, die Stones und nochen paa andere solltenwer nich vergessen. Eins hattense ja alle gemeinsam: Se ham alle ihre Musik mit Instrumente gespielt und brauchten kein Computer. Da waa noch Können angesacht! Und Gemeinschaft! Aber heute?

Kumma, und da bin ich gezz widder bei diesen Eurovischen Song Context. Also sechsenzwanzich Lieder aussen Computer, en paa Statisten aus alle Herrn Länder zu jedet Lied aufe Bühne gestellt, die Mädels meistens mit knallenge Klamotten und Dekolleté bis am Bauchnabel, mitten Hintern am Wackeln oder wie die Bekloppten am Rumhampeln. Hömma, da waa einer aus Transsilvanien, der sah aus wie diesen berühmten Graf Dracula, nur ne Stimme wie sonne Operndiva. Ob die den vorher operiert ham oder wat? Und am Ende krich ich dann mit, dat dat Lied aus Dänemark gewonnen hat. Weisse wat, dat hörte sich auch nich anders an wie dat deutsche, dat irgnswo unter ferner liefen landete. Und zum Schluss machense sich alle en Kopp, wodran dat wohl gelegen ham könnte. Und allet von unsere Steuern und die Gez-Gebühr – is doch klaa, wir Deutschen buttern doch die meiste Kohle da rein. Ich sach dich ma wat: Man sollte bei die Auswahl vonne Lieders Leute dran lassen, die von Musik en bissken Ahnung ham. Also gezz nich den Bohlen. Kumma, wie der Stefan Raab dat für unser Land gemanagt hat, sind wir ja auch aufe bessere Plätze gelandet. Und ham sogaa ma den ersten gemacht (bor ey, wat waa die Lena doch fürn lecker Herzken und singen konntese auch).

Samma, kannze dich noch anne Sechzigerjahre vonnet letzte Jahrhundert erinnern? Also ich hab dat noch so im Hinterkopp, da hieß diesen Song Context noch Grand Prix. Nee, also gezz nich vonne Volksmusik oder vonne Formel 1, sondern mehr so vom Schangsong. Und dat Ganze fand in ein Theatersaal statt, so mitten richtiget Orchester und allet wurde noch richtich gespielt und gesungen und nix mitten Computer, weil der wurde ja gebraucht, um son paa bekloppte Amis aufen Mond zu schießen.

Hömma, wat is dat doch toffte, dat mein Jüngsten sich vorn paa Jahre mitten paa Kumpels zusammengeschlossen hat, um gemeinsam Musik zu machen, mit richtige Instrumente und eigene Lieder, so wie damals die Beatles und die Stones oder später die Dokters oder die Toten Buxen. Und letztens hab ich die Jungens ma spielen gesehn und gehört. Und gezz ma ganz echt: Wenne gute ehrliche Musik hören willz, dann brauchsse die Hoffnung nich aufgeben. So wat gibet noch und wirdet wohl auch immer geben. Darfss dich nur nich nach den Bohlen und seine Konsorten richten.

Glückauf!

FACHBEREICH
SCHWERBEHIN-
DERTENGESETZ
Schwerbehinderten
Ausweis
50
VK 2012

Prozente füre Rente

Jau, also so langsam muss ich ja domma son bissken am Alter denken. Nee, gezz nich so an Riester-Rente oder so wat. Weisse, da gibet schon genuch Bekloppte, die da an dat dumme Gesabbel vonne Politikers glauben und ihre sauer verdienten Penunsen zum Wohl vonne Versicherungskonzerne verbrennen tun. Nee, also ich bin seit geraume Zeit mehr damit zugange, so auf früher und ohne Verluste in Rente gehn hinzuarbeiten. Bin doch nich bekloppt. Hömma, malochen bis siebensechzich und dann ab inne Kiste. Und die olle von der Leyen lacht sich kaputt. Nee du, mit mir nich!

Also hab ich mich ma so verschiedene Modelle durchgerechnet: Kündigen, zwei Jahre Knete vom Arbeitsamt und zwei Jahre früher in Rente? Nee, lass ma sein, machsse zu viel Verlust. Viel und oft lange krankfeiern, nach sechs Wochen krisse Krankengeld und nach anderthalb Jahre bisse ausgesteuert und widder ab nachen Arbeitsamt oder Invalidenrente. Nee, machsse auch Verlust – dat muss nich sein.

Letztet Jahr hab ich dann zufällich mein früheren Kumpel Jupp Brackmann wiedergetroffen und wie ich ne so frach, wat er macht, fängter am Lachen an und sacht: „Günner, nich mehr ganz en Jahr und die können mich aufe Maloche den Puckel runterrutschen. Dann gehtet ab inne Rente. Und wennse mich bis dahin nerven, gibet eben zwischendurch immer ma widder en paa Wochen Krankenschein, hömma, ich lass gezz langsam gehn."
„Toffte", sach ich, „kannze dich dat denn leisten, hömma, wirss doch ers dreiundsechzich, dat gibt doch reichlich Abschläge."
„Nee Günner", sachter, „gaa nich. Weisse, ich hab mich en Schwerbehindertenschein besorcht, da kommsse mit dreiundsechzich anne volle Rente und wenne aufe Maloche ma nich mehr kannz oder kein Bock hass und en Krankenschein nimmss, könnse dich nich ma rausschmeißen. Und fümf Tage mehr Urlaub und Steuerfreibetrach krisse auch noch. Dat is

richtich toffte. Und glaub mich dat, ich tu mich die letzten Monate nich mehr den Allerwertesten aufreißen." Meine Fresse, denk ich, dat isset. Wieso bisse da nich von selber draufgekommen? Abends nache Nachrichten im Fernseh hab ich mich dann ers ma en Pilsken geköppt und ma so drübber nachgedacht, wat mich denn so allet am Piesacken is: Rücken, Knie, Augen, Schilddrüse. Eigntlich müsste dat ja reichen.

Ich bekrakel dat also mit mein Dokter, kuck son bissken im Internet, so Knochenliste und so und dann denk ich, allet klaa Günner, fuffzich Prozent hasse sicher! Also Formulare besorcht, fertich gemacht und ab nache Kreisverwaltung damit. Nach zwei Monate kam dann Post vonne Kreisverwaltung. Pilsken hab ich ja immer kalt stehen, also denk ich, hol raus, mach auf und ers ma en kräftigen Schluck ausse Pulle. Mach dann den Brief auf und les und denk, wat is dat denn? Hömma, gezz bisse doch vonne Socken! Dreißich Prozent? Da kann aber wat nich stimmen. Ich les also den Wisch von vorne bis hinten durch, nomma und nomma und stell also fest, dat se Knie ganz vergessen ham und anne andere Stelle behaupten, Schilddrüse würde sowieso nix bringen. Aber die Krönung waa dann die Endabrechnung: Rücken zwanzich und Augen zwanzich macht zusammen dreißich!

Ich denk, wat? Hab ich se noch alle aufen Zaun oder gabet irgnswann ma ne Mathereform, wo ich wat nich mitgekricht hab? Ich konnte mich wohl noch anne Rechtschreibreform und die Reform davon erinnern. Hab also, nur um ganz sicher zu sein, mein Taschenrechner rausgesucht und nachgerechnet. Rücken zwanzich und Augen zwanzich macht bei mir noch immer vierzich! Und wenne Knie noch dabei tus, müssten eigntlich sechzich bei rauskommen. Also können die beie Kreisverwaltung wohl nich rechnen. Eigntlich traurig, wo doch wohl sogaa en paa Dokters da sitzen solln. Gut, denk ich, wenn die mit Günner Mambrallek Krach ham wollen, könnse den ham. Dann gibet eben Widerspruch. Ich kuck also am Ende vonnen Bescheid, weisse, wo immer so wat wie Rechtsbehelfsbelehrung steht und stell fest, dat da gaa nix von Widerspruch gesacht is, sondern dat du sofort bein Sozialgericht klagen muss. Jau, und dann fiel mich dat widder ein, dat dat damals der Rüttgers, wie der hier in unsern NRW Landesverräter waa, dat Widerspruchsverfahren abgeschafft hat, damit die Bürger die Schnauze halten, wenn ma ein Bescheid falsch is.

Gut, dat ich mein Leben lang inne Gewerkschaft bin. Ich mach also ein Termin mitten Rechtssekretär, drück ne die ganzen Klamotten inne Hand und sach für ihm: „Kollege, pass ma auf, die Rechnung is falsch, sieh zu, dat dat richtich wird und ich anne fuffzich Prozent komm. Wennet nich anders geht, tun wir eben bein Sozialgericht klagen."
Der kuckt sich in alle Ruhe den Wisch vonne Kreisverwaltung an und meinte dann, da wär kein Rechenfehler, man dürfte nur nich einfach zusammenzählen, sondern müsste schon so nache Höhere Mathematik rechnen, dann sind zwanzich und zwanzich auch schomma dreißich. Aber so nach seine Kenntnis könnte man auch dreißich Rücken und dreißich Augen rechnen, dat würde dann zusammen vierzich geben. Und dat Knie vergessen wurde, dat wär jawohl en Unding. Also hamwer ne Klage bein Sozialgericht losgelassen.

Jau, gezz is dat ja nich gerade so, dat die Richters nu ausgerechnet aufen Günner Mambrallek und sein Gewerkschaftsanwalt gewartet ham, dat waa mich ja von Anfang an klaa. Immerhin hattet nich ma ne Woche gedauert, bis der Juristik-Gewerkschafter die Klage nachem Gericht und mir ne Kopie davon geschickt hatte. Bloß, wenn ich gezz ma ganz ehrlich bin, kapiert hab ich von dat Paragrafenchinesisch so gut wie gaa nix, aber dat Wichtige dann doch: Dreißich ist zu wenig, wir wollen fuffzich! Hömma, en halbet Jahr hat dat gedauert, bis Bescheid vonnen Sozialgericht kam und ich ma widder en Grund hatte, in meine olle Heimat Gelsenkirchen zu fahrn. Ich hatte mich mit mein Gewerkschaftsanwalt fürne viertel Stunde vorher verabredet und den Abend davor noch die neueste

Knochenliste vonne Internetseite vonne Kreisverwaltung besorcht und gekuckt, ob da wat Neuet drinstand. Waa aber nich und ich kam in meine Träume schon mitten Behindertenschein inne Hand in Feierlaune aussen Gerichtssaal raus.

Jau, den nächsten Tach bein Sozialgericht sah dat dann allet en bissken anders aus. Der Termin waa für 11:30 Uhr angesacht und wie ich ne Viertelstunde vorher am Sitzungssaal ankam, waa da noch ne andere Verhandlung zugange und mein Gewerkschaftsanwalt noch am Quatern und mitte Hände am Rumfuchteln und ich krich so irgnswie mit, dat dat wohl dadrum ging, dat die Rentenkasse einen einbeinigen, blinden, älteren Herrn keine Rente geben wollte, weiler jawohl noch leichte Arbeit im Liegen machen könnte. Hömma, dat ging richtich zur Sache und ich hab mich gedacht, wenn mein Anwalt in meine Sache auch so mit Hände und Füße und ne Rede wie son Politiker loslässt, dann wird dat schon klappen mitte Prozente. Jau, und wie dat zu erwarten waa, der hat gewonnen!

Gezz waa die Verhandlung vorbei und ich denk so für mich, Günner, gezz gehtet zur Sache, dat wird deine große Stunde! Pustekuchen – Mittachspause waa ers ma angesacht und mein Anwalt sacht nur für mich: „Kollege, wir schaukeln dat schon. Machense sich ma kein Kopp."

Die Richterin, sonne Frau Müller, waa blond und sah eigntlich ganz toffte aus, fing ers ma an, dat Bütterken zu essen und mitten Gewerkschafter übber allet Mögliche zu quatschen. Dat se froh waa, seit ein Jahr nich mehr inne Hartz IV-Kammer zu sitzen, sondern gezz ma wat Sinnvollet zu machen. Inne Hartz IV-Abteilung würden gezz die ganzen Jura-Frischlinge vonne Uni sitzen. Und weil die von Hartz IV nich viel Ahnung hätten, würdense die Jobcenters fast immer wegen Formfehlers abblitzen lassen. Dat wär am einfachsten, weil durch dat ganze Hartz IV blickt ja sowieso keiner mehr durch. Die Politikers schon gaa nich. Und dann waa et endlich soweit. Meine Sache kam gezz endlich für zum Verhandeln aufen Tisch und ich hab mich schon so richtich dadrauf gefreut, wie die Frau Richterin Müller den Rechtsverdreher vonne Kreisverwaltung ma wat von richtiget Rechnen verklickern tut. Kam dann aber doch allet en bissken anders.

Frachtse mich, wat ich denn so allet hätte und wie mich dat dat Leben schwer machen tät und ich sach, dat ich eben Rücken hätte und Malässen mit dat Bücken und Schleppen. Und mit mein einet funktionierendet Auge könnt ich ja auch nur die Hälfte kucken. Und Malässen mit dat rechte Knie hätt ich ja auch und dat nich zu knapp. Dat hätte der Dokter beie Kreisverwaltung wohl gaa nich gelesen. Danach durfte der Juristikexperte vonne Kreisverwaltung auch noch wat sagen, wo ich aber nix von verstanden hab. Und zum Schluss wurd ich noch gefracht, ob ich denn am Rücken schomma operiert worden wär und ob dat Teil in meine rechte Augenhöhle denn en Glasauge wär. Und wenn nich, dann würde dat bei dreißich bleiben. Ich sollte dann doch besser die Klage zurückziehen.

Da fiel mich dann ein, dat ich ja am Abend vorher noch die aktuellste Knochenliste vonne Kreishomepage runtergezogen hatte, hol die also ausse Tasche, drückse der Richterschen inne Hand und sach: „Hörnse ma, Frau Müller, nach diese Liste sieht dat allet aber en bissken anders aus. Kuckense ma!" Der Typ vonne Kreisverwaltung steht auf und fracht: „Darf ich mal sehen?" Nimmt der Richterin die Liste ausse Hand, kuckt drauf und fracht mich: „Sagen Sie mal, wo haben Sie die denn her, die ist ja schon fünf Jahre nicht mehr gültig?"
„Gestern Abend von eure Internetseite gezogen, kuckense ma aufe unterste Zeile!"
Hömma, die Visage vonne Richterin hättze ma sehn solln. Die wurde so sauer, dat se richtich rot anlief und dann nur noch wat sachte von Klage abgewiesen und Kosten trägt der Beklagte, also die Kreisverwaltung wegen die falsche Liste aussen Internet. Dat würde jawohl gaa nich gehn und da hätte der Kreis schon en Denkzettel verdient. Und dat waa et dann! Ach

ja, en guten Tipp hab ich dann donnoch mitgekriecht: Ich sollte mich nomma en paa Gedanken machen, wat ich denn noch so für Wehwehkes hätte, die inne nächste Zeit schlimmer werden könnten. Dann könnt ich ja nomma en Antrach stellen!

Jau, und gezz is der Kopp am Qualmen. Hab gezz en Termin mitten Neurologe und Püschologe gemacht.
„Vielleicht kommsse ja noch auf Prozente, wenne Burnout hass.", hat mich letztens en ollen Schulkumpel gesteckt. Und wo der Urologe neulich festgestellt hab, dat ich Prostata hab ... Dat mit den Husten wird ja auch nich mehr besser und die Beule inne Leistengegend ... Wie ich heute Morgen aussen Bett raus bin, hatte ich doch echt Piene inne rechte Schulter ... Leute, ich sach euch: Rente ers mit siebensechzich? Mit mir nich!

Glückauf!

Wahlhelfer

Jau, da waa dat ja letztens widder soweit. Waa ma widder Wahl angesacht. Gezz weiß ich gaa nich mehr so genau, waa da nu Bundestach, Landtach oder ... Ich glaub aber, dat ging da umme Merkel gegen den Steinbrech oder so. Weisse schon, die selbss ernannte Königin von unsere Republik gegen diesen Norddeutschen mitti Glatze und die Brille, der inne letzte Zeit kein Fettnäpfken zum Reintrampeln ausgelassen hat. Is auch egal, als übberzeuchten Demokrat geh ich jedenfalls immer hin, um die Merkel-Partei mitten Kreuzken aufen Stimmzettel ma so richtich meine Meinung zu geigen. Is ja auch immer en willkommenen Anlass, inne Wahlkneipe Leute zu treffen, en Pilsken zu schlabbern und en bissken zu quatschen. Und wenne kein Bock mehr hass, gehsse eben widder nach Hause.

Hömma, und so acht Wochen vorn Wahltach find ich auf einma son Brief vonne Stadtverwaltung in mein Postkasten. Jau, denk ich, wat soll dat denn? Zu schnell inne Spielstraße bisse nich gefahrn, kann also kein Knöllken sein. Und Verdoppelung vonne Grundsteuer hamse doch schon annen Anfang vonnet Jahr geschickt. Die wollen doch wohl nich schon widder ... Ich mach also den Brief auf, nehm den Zettel raus, kuck, les ... und dann denk ich, jau Günner, gezz isset soweit, gezz holnse dich ab. Dat waa also ne Einladung, annen Wahltach den ganzen Tach mitti andern vonne lokale Politikprominenz in sonne Wahlkneipe zu sitzen, Zettel auszuteilen und zu kucken, dat jeder den Zettel auch richtich inne Urne schmeißt.

Und dann kuck ich weiter auf dat Kleingedruckte und krich sonne Krawatte! Da stand wat, dat man inne Wahlzeit kein Urlaub machen darf, nich krank werden darf, Familienfeiern abzusagen hat und dat dat ne ehrenamtliche Bürgerpflicht wär, da mitzumachen. Und wenn nich, dann kricht man en dicket Bußgeld oder kann sogaa im Knast landen. Als Dankeschön würd die Stadt auch dreißich Öcken raushaun. Hömma, wo leben die eigntlich? Dreißich Öcken für zehn Stunden sitzen?! Da kannze dich ja gerade ma alle Stunde en Pilsken gönnen. Nee du, geh mich wech. Und dat Ganze in eine Minischrift, dat ich ers ma nach ne Lupe kucken musste, um dat zu lesen. Weisse wat, mittlerweile is dat mit diese Minischriften schon vorsätzliche Körperverletzung. Oder wie willze dat sonz nennen, wenne mit so wat amtliche Briefe geschickt kriss, dat du dich bein Lesen dat Augenlicht ruiniern tus. Aber wat sollet!

Gezz waa ich drin inne Nummer und am Rauskommen nich zu denken. Irgnswie werd ich dat schon hinkriegen, dat dat auch dat erste und letzte Ma is! Also bin ich ers ma die nächsten Wochen mein normalet Geschäft nachgegangen, weisse?! Son bissken Schwaazmaloche, bissken Geschichten aussen Leben aufschreiben, ma son Cartoon zeichnen oder auch ma inne Öffentlichkeit wat vorlesen und gaa nich mehr am bevorstehenden Wahlsonntach gedacht. Irgnswann ma meinte mein Lissken, ob ich mich für den besachten Sonntach nich ma neue Plörren kaufen wollte. Ich sach: „Wofür? Dat ich so bekloppt aussehn tu wie der Stadtrat Rutschke, diesen arroganten Schnösel? Nee, geh mich wech. Der Andy Krabbe vonne Sozis waa beie letzte Wahl auch in normale Klamotten in unsern Wahllokal am Sitzen."

Jau, und wie die Zeit so am Vergehn is, waa auf einma der besachte Sonntach da. Acht Uhr sollt ich also im Wahllokal auflaufen – hömma, fürn Sonntach mitten inne Nacht – normalerweise bin ich da noch am Ratzen. Sechs Uhr also unter die Brause, Frühstück, saubere Jeans, en sauberet gebügeltet Karohemd an, die gute Lederjoppe drübber und dann ab nachem Wahllokal. Ich waa auch nich der Erste, und wie ich mich da so umkuckte, waan da doch son paa bekannte Gesichter. Hömma, ich hätte die zuers bald gaa nich erkannt. Da waa die Uschi Mielek vonnen Jugendamt, die rennt meistens in Schlabberbuxe, zu große Bluse und Birkenstocklatschen rum.

Hömma, die hatte sich rausgeputzt wie die Beatrix von Holland. Jau, und diesen Carl-Hans Rutschke aussen Stadtrat in son dunklen Konfirmandennadelstreifenanzuch. En paa andere kannt ich nich, aber die hatten sich auch alle so richtich schnieke gemacht. Jau, und dann waa da noch mein ollen Arbeitskumpel und Nachbar Reinhard Lind – in normale Klamotten. Jeans, rotet Hemd, Parker ...

Und der Rutschke kuckte uns beide schon so komisch an und platzte dann los: „Hören Sie mal, Herr Lind und Herr Mambrallek, so geht das aber nicht. Sie sind hier federführend an einer öffentlichen Amtshandlung beteiligt, da können Sie nich in Rockerklamotten auftreten. Sie fahren jetzt sofort nach Hause und in einer halben Stunde sehe ich Sie hier in angemessener Kleidung, also Anzug und Krawatte wieder!"
Hömma, ich gaub et geht los! Der Reinhard und ich kuckten uns ers ma an, und bevor der Reinhard – weisse, der hat ja auch ne ziemlich große Fresse, besonders wenner so von oben angemacht wird. Aber bevor der Reinhard wat sagen konnte, kuck ich den Rutschke an und sach für ihm: „Gezz hörnse mich ma genau zu, Herr Rutschke! Ers ma stand in Ihre Einladung nix drin von Managerkostüm und zweitens könnt ich Ihnen als Alternative höchstens ne Joggingbuxe und en Schalketrikot anbieten. Anzuch und Schlips hab ich nich und brauch ich auch nich. Und wennse dat nich passt, kann ich ja gehn. Und mein Kumpel Reinhard geht mit!"

Weisse wat? Den Rutschke seine Fresse hättze ma sehn solln – wie son roten Luftballon kurz vorn Platzen. Muss wohl dat erste Ma in sein Leben gewesen sein, dat ihm einer nich im Hintern gekrochen is, sondern ma Tacheles mit ihn gesprochen hat. Jedenfalls hatter den ganzen Tach nich mehr viel gesacht. Auch nich, wie der Reinhard und ich uns nach zwei Stunden ers ma nach Hause und dann kurz in unsern Stammwahllokal verkrümmelt hatten, um unser demokratischet Recht nachzugehn. Und wie wir widderkamen, hauten die nächsten zwei ab und kamen nach zwei Stunden umgezogen –

also in normale Klamotten – widder. Und dat hat der Rutschke allet so ohne Widerworte ... weisse?! Auch wie ich inne Mittachszeit meine Schüssel mit Kartoffelsalat und Würstkes auspackte, en Pilsken bestellte und ers ma Mittach machte, hatter gaa keine Notiz von genommen. Oder vielleicht doch? Also der sah schon so aus, als ob er reichlich Kohldampf gehabt hätte. Und ich kuck ne so an und frach ne: „Wat is, Herr Rutschke, willze auch wat? Hömma, mein Lissken macht den besten Kartoffelsalat inne Republik. Oder is dich dat nich fein genuch? Also Kaviar und Schabau gibet bei uns zu Hause nich, könnwer uns nich leisten."
Hatter immer noch nix verlauten lassen.

Aber wie der Reinhard und ich dann inne spätere kurze Pause anfingen, übber die letzte Gewerkschaftsversammlung zu quatschen, da flippte der Rutschke auf einma ganz aus: „Hören Sie mal, so geht das aber nicht. Nach Paragraf sowieso Bundeswahlgesetz darf in einem Wahllokal während einer Wahl nichts Politisches gezeigt oder geredet werden. Also lassen Sie das sofort sein!"

Jau, und da platzte der Reinhard los: „Gezz pass ma auf Rutschke, wieso sitzte dann mitten blauen Zwirn mit gelbe Nadelstreifen und schwatten Schlips hier rum? Blaugelb und Schwatt sind jawohl auch die Farben von unsere Regierungsfuzzis, die heute hoffentlich abgewählt werden. Also halt ma gefällichst den Ball flach. Montach inne Ratssitzung kannze meintwegen widder rumöhsen, wat dat Zeuch hält. Aber wenne mit Mambrallek und Lind zusammensitzen tus, hälze gefällichst die Muhle!"
Nee, weisse wat, irgnswie hattet ja dochen bissken Bock gemacht, vor allem, wenne ma die Gelegenheit hass, diesen selbss ernannten König aus unsere Kleinstadt vor versammelte Mannschaft zu zeigen, wo der Hammer hängen tut. Wann is die nächste Wahl?

Letzte Woche hat mir der Pedder Radomski vonnet Meldeamt

gesteckt, dat da einer aussen Stadtrat veranlasst hat, dat übber mich en Vermerk in meine Meldedaten reinkommt. So wat wie: Als Wahlhelfer nicht geeignet. Hömma, wat soll ich sagen? Allet richtich gemacht, Ziel erreicht!

Glückauf!

Der große Bruder

Bor ey, sei ma ich so laut ... Wat? Wie, verstehsse nich? Kuckse eigntlich keine Nachrichten im Fernseh? Oder lieste keine Zeitung? Meine Fresse nee, fällt der Groschen immer noch nich? Also Vorsicht ... der Feind hört mit! Ja nee, nich der Russe. Gut, der is ja inne letzten Jahre widder ziemlich suspekt geworden, so mitte verfassungsmäßige Grundrechte vonne Menschen und so. Aber für dat, wat da gezz inne Welt läuft, hatter wohl nich viel mit am Korken. Der sieht lieber zu, dat er seine eigene Leute inne Spur hält.

Nee also, ich mein gezz mehr den Ami. Hömma, da musse aufpassen, dat dat, wat wir hier am Verhackstücken sind nich morgen schon die ihrn Präsident zum Frühstück zum Lesen kricht. Gut, heißt ja übberall, dat der nur den Telefon- und E-Mail-Verkehr mithörn und mitlesen tut, aber wer weiß, ob die versteckte Kamera in unsere Shoppingmeile nich doch aus Amerika stammt und nich vonnen Guido Cantz aussen Fernseh. Nee du, geh mich wech.

Da waa dat, wat damals der Rolli-Schäubel allet vorhatte, wie er noch Innenminister waa, richtich harmlos – so mit totale Videoübberwachung und Telefon abhörn. Oder, wenn ich so dadran denk, wie dat damals bein Adolf waa oder nachem Kriech inne DDR – mitte StaSi und so! Hömma, ich krich so langsam dat Gefühl, wir kommen da widder hin, so wie ich dat letztens innen Buch gelesen hab, wat ich bein Aufräumen in Keller widdergefunden hab. Hatte ein Typ namens Schorsch Orwell geschieben und passierte allet in dat Jahr 1984, und ehrlich gezz, ich hätte mich früher in meine junge Jahre nie gedacht, dat so wat in ein demokratischet Land wirklich passiern kann. Und gezz?

Weisse wat, ich glaub ich halt gezz besser ma die Gosche, sonz hält mich der Ami noch fürn Terrorist, holt mich bei Nacht und Nebel aussen Bett und ich find mich zum Schluss noch in dieset Guantanamo in rote Klamotten widder. Und dann muss ich da sitzen, bis ich schwatt werde. Oder der gibt dat an unsern Verfassungsschutz weiter und dann werd ich von die eingebuchtet. Gut, bei uns im Knast isset vielleicht en bissken mehr mit Komfort und bessere Verpflegung wie bein Ami, aber gezz ma im Ernst, ich muss dat nich wirklich ham.

Jau, und wat machen unsere Politikers gezz bei den ganzen Schlamassel? Also, dat die Merkel meinte, die könnte den Obama so mit schöne Augen machen und volllabern rumkriegen, dat der dat sein lässt oder wenichstens allet zugibt, weisse, dat waa doch klaa, dat dat nich funktioniert. Weil, anne Merkel is numma nix Schönet dran, nich ma die Augen. Dat konnte also nich klappen.

Jau, und wie dann unser Bundesinnenfuzzi – dieser Friedhelm oder Fritz, ach nee Friedrichs – dann nachem Ami geflogen is, um ma so richtich Klaatext mit dem zu reden, is doch auch nix bei rumgekommen. Nee, wie der zurückkam, hasse eher dat Gefühl gehabt, die ham den richtich zusammengeschissen und dann noch ne Gehirnwäsche verpasst. Ehrlich, der hat doch tatsächlich nach seine Reise behauptet, et wär allet nich so schlimm und eigntlich ganz töffte. Wär doch allet nur füre Sicherheit inne Welt. Und wir sollten den Ami doch alle dankbar sein, weil angeblich auch en paa Anschläge bei uns inne Republik auch nich zustandegekommen wärn. Kann ich mich nu so gaa nich vorstellen. Kumma, dann wärnse doch diese Nazi-NSU-Bande auch früh genuch aufe Schliche gekommen. Ach, geh mich wech, wat hat dat mitti Sicherheit inne Welt zu tun, wenn der Ami weiß, zu welche Tageszeit Günner Mambrallek aufen Boiler sitzt und wat seine Lieblingsseite in unsere Lokalzeitung is?

So, und rausgekommen is dat allet, weil ein früheren Angestellten von den Ami-Geheimdienst die Schnauze voll hatte vonne ganze Schnüffelei, dann ers ma fristlos gekündicht und so richtich öffentlich ausgepackt hat. Konnze dann in jede Zeitung aufe Welt nachlesen. Waa doch klaa, dat den Ami dat nich gepasst hat. Also hamse ne ers ma zum Staatsfeind Nummer 1 erklärt und wegen Sabotage und Hochverrat (so hieß dat damals schon bein Adolf und bein Russe) ne Strafanzeige angehängt. Wat dann so viel heißt wie, wennse ne kriegen, krichter lebenslang oder sogaa Kopp kürzer. Und dat in dat ach so freie Amerika!

Jau, und gezz sitzt dieser Eduard Schnoffdon also in Moskau aufen Fluchhafen im Transit, weil ihm da kein Polizist vonne ganze Welt wat kann, und weiß nich, wohin er gezz noch kann. Nach Amiland schomma nich, weil da buchtense ne gleich ein und wer weiß, ob er nich nache Gerichtsverhandlung noch in Namen des Volkes umme Ecke gebracht wird. Und mehrere Bananenrepubliken in Südamerika, die ne nehmen wollten, hat man dat ganz schnell verhagelt, indem se son Präsidentenflieger von die dat Fliegen übber Europa verboten ham. Blieb also nur noch der Russe übber. Waa ja auch der kürzeste Weech, weil in sein Niemandsland aufen Moskauer Fluchhafen waa er ja sowieso schon und irgnswie aber doch nich. Wenn bloß der Putin nich dadrauf bestanden hätte, dat der Schnoffdon dann die Klappe hält. Na jedenfalls muss sich der Schnoffdon wohl doch mitte Russen irgnswie geeinigt ham, weiler dann ja gezz doch nochen Jahresvisum gekricht hat. Und hat dann so als Dankeschön nochen paa Klamotten rausgehaun, von wegen wat die Amis so allet können ...

Hömma, sei bloß vorsichtich! Wenne übberhaupt noch irgendswat im Fatzebook schreiben tus. Zumal der Schnoffdon ja schon damit rübberkam, dat unsern eigenen Geheimdienst mitti Amis zusammen gekungelt ham soll. Nur, dat der Verfassungsschutz da nix von wissen will. Weisse wat, manchma glaub ich, die Maloche von unsere Geheimagenten is so geheim, dat die selber nich wissen, wat die eigntlich machen. Ma kucken, wat da noch so allet rauskommt. Jedenfalls hat der Schnoffdon letztens noch verlauten lassen, dat der ne Lebensversicherung hat. Wenn ihn wat passiert, würden noch Klamotten anne Öffentlichkeit kommen, da wär allet, wat bisher rausgekommen is, den reinen Killefitt gegen. Weisse wat, ich trau mich ma en Blick inne Zukunft: 2015 kricht der Schnoffdon den Friedensnobelpreis, weiler bewiesen hat, dat der Obama den vorn paa Jahre gaa nich verdient hat. Und weiler bewiesen hat, dat jeder aufe Welt en großen Bruder hat, von dener gaa nix wusste.

Hömma, und irgnswie muss der Ami wohl doch wat von Günner Mambrallek und seine Schreibe mitgekricht ham. Is doch klaa, wenn der den ganzen E-Mail-Verkehr aufe Welt mitlesen tut und dann auch noch im Fatzebook drin is, dann liest der doch auch allet, wat ich mich mit meine Verlegerin und en paa andere Fatzebookfreunde am Schreiben bin. Und dat muss wohl einer vonne Geheimagenten mitgekricht ham, der vielleicht ma vor zwanzich Jahre aus Essen-Kray ausgewandert is. Glaubsse gezz nich? Dann erklär mich domma, wie dat kommt, dat von meine Büchskes en paa hundert Stück aus Amiland bestellt wurden.

Jau, gezz kucksse!

Autorenporträt

Volker Kosznitzki ist Jahrgang 1955. Geboren und aufgewachsen ist er in Gelsenkirchen in einer typischen Zechensiedlung aus den 50er Jahren unter (fast ausschließlich) Bergmannsfamilien.

Nach dem Abitur lernte er Industriekaufmann, machte Straßenmusik, verwaltete Wohnungen und verkaufte Schuhe, bevor er 1980 in der öffentlichen Verwaltung beruflich "sesshaft" wurde. Er hatte also immer mit Menschen zu tun und lebt schon immer im Ruhrgebiet, seit 1980 in Oer-Erkenschwick. Seine Hobbys sind Malen, Zeichnen, Gitarre spielen, Heimatkunde rund ums Ruhrgebiet und alles, was mit Musik zu tun hat. Sport? Nee danke, könnte eventuell gesund sein! Während einer längeren Krankzeit 2008 (Rücken, weisse) hat er angefangen, zunächst eigene authentische Telefonprotokolle mit Werbeanrufern aufzuschreiben. So entstand Günner!

Lieblings-Kulturschaffende: Jürgen von Manger, Ludger Stratmann, Fritz Eckenga, Sigi Domke, Gerburg Jahnke.

Lieblings-Theater: Mondpalast Wanne-Eickel.

Von ihm außerdem im EPV erschienen:

Günner Mambrallek: So isset!
Ruhrpott-Geschichten
152 Seiten, Paperback,
Edition Paashaas Verlag
1. Auflage: Neuerscheinung August 2011
ISBN: 978-3-9813928-7-6
11,95 €

"Tach auch, eigentlich bin ich ja en ziemlich ruhigen Typ, so richtich Gemütsmensch, weisse? Immer offen für allet, wat so inne Welt passiert: Sozialet, Kunst, Kultur, Politik und wat die Leute so beweecht. Und et gibt eigentlich kaum wat, wat mich so schnell ausse Ruhe bringt. Aber inne letzte Zeit schaffen et immer wieder irgenswelche fremde Leute, mir irgenswie tierisch aufen Zeiger zu gehn. Und dat hab ich nun aufgeschriebn..."

Günner ist ein echter "Rotz aussem Pott" und schreibt, wie ihm der Schnabel gewachsen ist. Dabei nimmt er kein Blatt vor den Mund. In 30 frechen Kurzgeschichten kriegt jeder sein Fett weg. Eben echte Ruhrpott-Mentalität. Aufgelockert mit witzigen Comics des Autors, flapsiger Sprache und dem ganz eigenen Ruhrpott-Humor zeigt Volker Kosznitzki wie es so ist, das Leben im Pott!

Geschichte und Zeichnungen in
Ein glückliches Katzenleben, Band 2
Hrg. Petra Große Stoltenberg, Manuela Klumpjan
172 Seiten, Format 17 x 22 cm, Paperback
ISBN: 978-3-942614-21-4
€ 12,90
Neuerscheinung Juli 2012

Mehr als 30 weitere Geschichten und Gedichte rund um den Stubentiger, zusätzlich aufgepeppt mit frechen Zeichnungen und Bildern!
Zugunsten des Katzenschutz Hattingen e. V.

Geschichte in Heißkalt
Mörderische Kurzgeschichten
Hrsg: Manuela Klumpjan
Edition Paashaas Verlag
ISBN: 978-3-942614-47-4
Neuerscheinung Juni 2013
13,90 €
208 Seiten,
Format: 15,5 cm x 22,0 cm,
Paperback, Klebebindung

37 bekannte Autoren und Newcomer präsentieren mörderische Kurzgeschichten zum Thema "Heißkalt".
Entstanden ist eine Sammlung von spannenden Kriminal-Geschichten, die alle eins gemeinsam haben: In dem Text muss mindestens einmal der Begriff: "Heißkalt" erscheinen! So lautete die Vorgabe. Begeben Sie sich in diverse tödliche Abenteuer: Ob Giftmord oder Verbrennung, Leidenschaft oder Gier, Terror oder die persönliche Rache... Diese Geschichten werden Sie heißkalt erwischen!